ロンドン近未来都市デザイン

新建築＋新インテリア・ガイド

清水晶子 **Akiko Shimizu**

東京書籍

Modern London Architecture and Design

はじめに

　ロンドンは空前の建築ブームに湧いている。日々、工事中の高層ビルが空に向かって背丈を伸ばし、東部ドックランズあたりには、かつてのロンドンでは想像もできなかったようなガラスの摩天楼街が出現している。街には未来的なギャラリーが新設され、古めかしい博物館さえきらめく新館を隣に従えていたりする。

　それもこれもここ10年以上続くイギリス経済の活況に支えられたもの。さらに97年に政権を取った労働党が「モダン・ブリテン化」策を掲げ、とりわけ2000年、ミレニアムという区切りの時期に首都の近代化を強力に推し進めたことも大きい。

　ことは国家規模の事業にとどまらない。ハイストリートを歩いてみれば、洗練された新装をすませたデザイナーズ・ブランド・ショップが並び、レストランもインテリアの斬新さを競っている。果ては、個人の住宅でもインテリアのモダナイゼーションが大きく進んだ。重厚すぎた街に、軽く明るいデザインの新風が吹き込んだのである。

　この状況を誰もが手放しで喜んでいるわけではない。新建築物に苦言を呈するチャールズ皇太子のような人もおり、実際私自身もこんなに魅力的な古い建物があるのに、新築高層ロフトなんかに住みたいと思う人の気が知れないとずっと思っていたのだが、長くロンドンに住むうちに建物と調度のあまりの重厚長大さに圧迫され、もっと軽く明るく暮らしたいと願う人の気持ちが身をもってわかるようになってきた。

　首都の伝統的景観が失われることを懸念する歴史的建築保存団体もあるが、彼らは単に反対の声を上げるのではなく、ビル新築計画に認可を与える政府機関のアドバイザーとして内部に入り込み、問題ある計画を

差し止めたり、修正案を出させたりと、前向きに実権を行使している。首都ロンドンの開発は、こんなふうに未来派と歴史派のぎりぎりのせめぎあいの中できわめて健全に進行している。それだけに乱開発は起こらず、新建築のデザインの水準も高い。

　このブームでにわかに注目を集めているのが、建築家たちだ。ビートルズとローリング・ストーンズがロック黄金時代を築き、オアシスとブラーがブリット・ポップを盛り上げたのは今は昔。イギリスのロックが振るわなくなってからミュージシャンの代わりにロックンロールな仕事ぶりを見せてくれたのが、ジェイミー・オリバーら若きシェフたち。それと同時期にブリティッシュ・アイドルの座についたのが、なんと建築家たちなのだ。

　今やイギリスでノーマン・フォスターとリチャード・ロジャースの名を知らない人はいない。60年代から活躍を続ける御両人は70を越えるお歳であるが、かくしゃくとして英国建築界に君臨し、ロンドンの、いや世界の都市のスカイラインをシャープに切り取っていくその姿は、若いアイドルなど寄せつけないかっこよさだ。後続の建築家群、デザイナー群の層も厚く、彼らの活躍により、モダナイゼーションの気運が、日々実際の建築に置き換えられている。

　本書は、そんな建築家たちの造り上げた新しいロンドンを旅するためのガイドブック。1997年から2007年の間に新築された（建設中も含む）建築物と新装なったインテリア、とロンドンの新側面だけに着目し、建築デザインの最前線をご紹介していきたい。新建築ツアーといっても、ビル見学だけでなく、ギャラリー巡りもショッピングも楽しみつつ、がこの本のスタイル。ようこそ、近未来都市ロンドンへ！

食べる

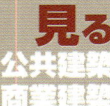

ロンドンにおける高層ビルの歴史は比較的新しい。アメリカで19世紀末にすでに「シカゴ派」が高層建築を手がけていたのに対し、ロンドンのシティに高層ビルが現われたのはようやく1980年代になってから。これが90年代には東部ドックランズに飛び火し、2000年代に入ると、シティ、東部、南部に斬新な新建築が林立するようになった。ロンドンでは数年先に新鉄道路線クロス・レイルの敷設が計画され、2012年のオリンピックに向けての開発も進み、「遅れてきた摩天楼都市」の近代化への勢いは加速する一方だ。そんな活気を体感するには、まずドックランズ・ライト・レイルウェイに乗り、ガラスの未来都市を一望してみるといい。ビルを内側から見るには、毎年9月に2日間だけ行われる「オープン・ハウス」への参加がおすすめ。これは由緒ある古いビルから新建築までふだん入ることのできない何百もの建物の内部が一般公開されるイベントで、イギリス人の間でも大変人気が高い。情報はこちらで。
www.openhouse.org.uk

LONDON CITY HALL
ロンドン市庁舎

代表のノーマン・フォスターは 1935年生まれ。マンチェスター大学、米エール大学卒業。67年自社設立。現在のスタッフ数500人以上。イギリス建築界の第一人者で、とりわけ首都の建築的近代化を推進した業績は大きく「モダン・ロンドンを築いた男」の異名をとる。広く国際的にも活躍し、近作にフランスのミヨー高架橋、中国の北京空港など。

Greater London Authority, The Queen's
Walk London SE1
020-7983-4000
www.london.gov.uk
開館：公共部分（ロビー、議場周辺、カフェ）
月曜～金曜　8:00～20:00
全館開放日はウェブサイトでチェックを
最寄駅：地下鉄、ナショナル・レイル
London Bridge　地下鉄 Tower Hill
完成：2002年
設計：Foster and Partners

議場の真上から上階に向かって伸びる螺旋階段。建物が傾いているため、螺旋の渦巻きもやや歪んでいる

　タワー・ブリッジ近くのテムズ河べりを歩くたび、まだ建設中だったこのビルを見ては、一体どんな形に仕上がるのだろうといつも考えていた。何しろ基礎から少しずつずれた格好で、各フロアが上へ上へと積み重なっていくのだ。このまま高くなっていったら、ピサの斜塔ならぬテムズの斜塔になってしまう。

　などと思っていたが、完成したロンドン市庁舎は、不思議な角度にかしぎながらも、官公庁のビルらしからぬ輝かしく未来的な美しさを放っていた。

　傾斜角度は南へ31度。この傾きにより太陽光／熱の吸収を冬に最大、夏には最小とし、他の省エネ設備と合わせて、エネルギーの消費量を通常の約半分に押さえられるという。傾斜にはちゃんと意味があったのだ。

ロンドン市庁舎外観。スタイルと省エネを兼ねた傾斜が特徴

市庁舎入口。開かれた民主的な市議会、がここのモットー。議場に入りきれなかった傍聴者のために、議場外の通路に大スクリーンとスピーカーが設置され、討議内容が広く伝わるよう工夫されている

　設計は、フォスター・アンド・パートナーズ。市庁舎ビルは完成と同時に、さっそくロンドンのランドマークの仲間入りを果たした。

　内部は1階がロビー、地下がカフェと展示スペース。2階にはフロア全面を占める市議会の議場がある。ここから最上階の10階までは、階段がぐるぐると渦巻いて上昇する、目くるめく螺旋世界。見上げても見下ろしても、実にスペクタキュラーな眺めである。

　螺旋階段に沿ってガラス張りの執務室が続き、最上階に到ると広々とした展望室に出る。望遠鏡付きのバルコニーから、同じ敷地のモア・ロンドン（26ページ）のモダンなビル群や、テムズ河、対岸のシティが見晴らせる。

　市庁舎では、カフェの利用と議場の見学・傍聴は時間内ならいつでも可能だが、議場から上の螺旋階段を昇れるのは、月に1、2日ある全館開放日のみ。ウェブサイトで事前に日程を調べ、ぜひ全館の見学を。

　それにしても、頭上で螺旋渦巻くウルトラ・モダンな議場で市政について審議するとは、どんな気分なのであろうか。とにかく、このユニークな都市の行く末をめぐるユニークなアイデアは、こんな場所から生まれているのである。

1階ロビーの天井。こちらは螺旋ではなく、同心円

テムズ河の対岸から見た夜の市庁舎。10階建てで高さは45メートル。周辺の開発区域モア・ロンドンの一部でもある

30 ST MARY AXE
30 セント・メアリー・アックス

30 St Mary Axe London EC3
www.30stmaryaxe.com
最寄駅：地下鉄 Bank
地下鉄、ナショナル・レイル
Liverpool Street
完成：2004年
設計：Foster and Partners
10ページ参照

英建築界最高のRIBAスターリング賞はじめ、数々の賞を受賞

　完成と同時に、モダン・ロンドンを象徴する存在となったこのビル。30セント・メアリー・アックスという正式名称があるが、ピクルスにする小型きゅうりガーキンに形が似ていることから、一般には「ガーキン」の愛称で親しまれている。

　設計は、フォスター・アンド・パートナーズ。この会社の建築作品特有の斬新さ、気品、確固たる力強さのすべてをこのビルは備えている。40階建て、179.8メートル。さほどの高さではないが、スカイラインに与えるイ

ンパクトは強烈。今ではガーキンのないロンドンの風景など考えられないほどだ。

　1階のワイン・バーと小さな雑誌・新聞売場以外、一般人は立ち入れないが、それでも「ガーキンと一緒」の記念撮影に訪れる人が跡を絶たない。

　当初の所有者であったスイス・リという保険会社がビル売却後もテナントとして2階から15階までを占有し、それより上階はオフィスとして賃貸されている。機能としては、シティの中心という最高の立地にある、完全

最上階は、バー、レストラン付きの展望台、というロンドンのドリーム・スペース。残念ながら社員専用

白い斜め格子の外側をさらにスティールの細かい斜め格子が覆い、そこに三角あるいは菱形のガラスがはめ込まれている

なオフィス・ビル。それだけに、ここは見かけがスペクタキュラーなだけでなく、省エネ・省スペースの観点からも、都市型オフィスにふさわしい先進的な設計がなされている。

　狭い敷地ぎりぎりに建つビルならではの工夫として、円筒形の中央を地上階よりやや膨らませ、中層部分の床面積を広くしたり、内部に支柱を必要としない頑強な斜め格子構造の採用により、柱のない広々したフロア造りを実現したりしている。また、先細りの円筒

形という形は、ビル風と日影範囲を減らす効果もある。

　ビル内に特殊な吹き抜け空間を設け、通気とビル深部への自然採光をそこでまかない、エネルギー消費量を同容積ビルの半分に押さえる、といった技も使われている。

　こうしたひとつひとつの事々が最も効率よく運ぶよう計算し尽くされた結果が、ガーキンのこの形。「美」と「用」の一致のし方がみごとである。

中へ入る方法のひとつとしておすすめは、9月のオープン・ハウス（章扉参照）を狙うこと。ただし、このビルが毎年オープン・ハウスの日に開放されるか不確定な上、絶大な人気ゆえに、事前申し込みが必要なので、情報入手をお早めに

有名ビルにも関わらず、賃貸オフィスの入居状況はかんばしくない。家賃が高い、スイス・リのイメージが強すぎる、ランドマーク・ビルゆえにテロの標的になりやすいなどの理由から敬遠されているのが実情だ

LLOYD'S REGISTER
ロイズ・レジスター

71 Fenchurch Street London EC3
最寄駅：地下鉄 Tower Hill
ナショナル・レイル
Fenchurch Street
完成：2000年
設計：Richard Rogers Partnership

代表のリチャード・ロジャースは1933年生まれ。留学先の米エール大学で同窓だったノーマン・フォスターと結成したチーム4が最初の会社。77年に自社設立。英国内のみならずパリのポンピドゥー・センター（レンゾ・ピアノと共作）、マドリッドのバラハス空港など国際的に活躍。飛ぶ鳥落とす勢いのフォスターの唯一のライバルと目される。

透明度の高いガラスのビル。周囲は緑が濃く、遠方からはガラスの塔が木立ちからニョキッと伸びているように見える

古い石造りの建物と高層ビルが混在する金融街シティ。リチャード・ロジャースのロイズ・レジスター・ビルは、その中心を貫くフェンチャーチ・ストリート沿いにある。近くにガーキン（12ページ）、タワー42（132、162ページ）、同じロジャースのロイズ・オブ・ロンドン（Lloyd's of London 住所：1 Lime Street London EC3）もあり、このへんはまさにシティ高層ビルの名所といえる。

ロジャースの2つのビルは名前が似ていて紛らわしいが、ロイズ・オブ・ロンドンの方

は、彼の80年代作品を代表するハイテク高層建築。当初、メタリックな威容が街並みに合わないと物議をかもした。時は移り、このビルが愛されるようになると同時にロジャース自身のデザインも肩の力が抜け、厳めしさの中にも遊び心の感じられるものが出てきた。

彼の90年代オフィス・ビル・デザインの典型であるこのロイズ・レジスターなど、鉄骨や滑車が赤、青、黄色の三原色に塗られ、組み立ておもちゃが実世界で作動しているかのよう。中のメカ構造が透けて見える点で、スケルトン・クロックの楽しさもある。

ガラスの主棟からエレベーター棟が突き出す構造は、彼のトレードマークだ。

これからの高層ビルにとっての必須課題である「環境への配慮」も怠りない。チルド・ビームと呼ばれる流水による自然冷房、太陽光／熱の取り入れを必要に応じて自動調節するブラインドなど、自然エネルギーを活用する幾多の工夫が凝らされている。

完全に新しいビルのように見えるが、北側には1901年築の古い自社ビルの一部を残し、このガラスのビルと巧妙に融合させている。ドックランズと違い、由緒ある歴史的建築物を保存しつつ新建築物を増やしていかなければならないシティの難しい状況を象徴している

ガラスを透かして、エレベーターが優雅にダイナミックに昇降するのが見える。以前は誰でも中庭までは出入り自由で、メカ構造を間近に見ることができたが、最近警備が強化され、敷地の外からしか見られなくなってしまった

　ロジャースのオフィス・ビルには、すでに次の新種が出現している。2005年完成のセント・キャサリンズ・エステート（St Katharine's Estate　住所：St Katharine's Way London E1）で、こちらは三原色の代わりに白一色を用いたひときわ洗練されたデザインだ。

　シティのビル全般を見学し終えたなら、次はロジャースのオフィス・ビルに的を絞り、その変遷を追ってみるのもおもしろそうだ。

組み立ておもちゃのレゴやメッカーノのようなパーツ

青と黄色の階段も壮観

201 BISHOPSGATE AND THE BROADGATE TOWER

201 Bishopsgate London EC2
最寄駅：地下鉄、ナショナル・レイル Liverpool Street
完成：2008年予定
設計：SOM

201ビショップスゲイト・アンド・ブロードゲイト・タワー

スキッドモア、オウィングス＆メリル。世界8都市に事務所を構えるアメリカ最大級の建築会社。1936年の創設以来、1万以上の物件を手がける。代表作はシカゴのシアーズ・タワー。テロで倒壊した世界貿易センター跡に建つフリーダム・タワーのデザインとして、ダニエル・リベスキンド案にSOMが安全面から大幅修正を加えた案が採用されて話題に。

完成予想図。2棟のビルはつながっていそうで、実はまったく独立している。合計の床面積、7万6000平方メートル

シティの一端をなすリバプール・ストリート駅前に、きらめく2棟のガラスのビル建設が進んでいる。高い方が35階建てのブロードゲイト・タワー、低い方が13階建ての201ビショップスゲイト。ツイン・タワーと呼ぶには2つのビルの身長が違いすぎるが、スリムでシャープな高層ビルとやさしくカーブした中層ビルの組み合わせは、絶妙のバランスを見せている。

　ブロードゲイト・タワーの方は高さが165メートルで、完成時にはシティで3番目に高いビルとなるはず。設計は高層建築の大ベテラン、アメリカのＳＯＭシカゴ・オフィス。繊細なデザインの中にも、彼らの自信とアメリカ的ダイナミズムが息づいているのが感じられる。

　この駅周辺一帯は、すでに80年代からＳＯＭデザインによる一連のビル建築、広場・道路の整備が進められており、両ビルの建設はこの長期開発計画の締めくくりを飾るものとなる。

　ところで、このプロジェクトには外から見たのではわからない苦労話がある。リバプール・ストリート駅発の列車は、一旦地下にもぐってから再び地上に出るシステムになっているが、この地下にもぐる部分がちょうど両ビルの下に当たっており、地中が空洞状態。このため、まずラフトと呼ばれる基礎を築き、さらにその上に載せる2つのビルには重量制限が付く難条件の工事となった。とりわけ背の高い方の「タワー」は、極力軽量化したことからくる強度不足を補うために、Ａフレームで支える、斜め格子を採用する、といった措置がとられている。

　主用途はオフィスだが、中庭広場の設置も計画されているので、ここは誰もが気軽に現代建築美を堪能できる場所となることまちがいない。

完成予想図（夜）

イギリスではまだ珍しいダブルデッキ・リフト（輸送能力の高い2階建てエレベーター）の設置が予定されている

MILLENNIUM BRIDGE
ミレニアム・ブリッジ

Bankside London SE1
最寄駅：地下鉄 Southwark
地下鉄、ナショナル・レイル
Blackfriars
完成：2000年
設計：Foster and Partners
10ページ参照

橋の線が細いのには、周囲の景観を損なわず、また橋からは何の障害物もなく景観を楽しめるように、との配慮もある

　ロンドンに新設されたミレニアム記念建造物の代表といえば、ミレニアム・ドーム、ミレニアム・ブリッジ、テイト・モダン（48ページ）、ロンドン・アイ（72ページ）の4つが挙げられる。記念イベントが不評できっちり1年で閉鎖してしまったドーム（その後については86ページ）を除き、あとの3つは市民からもツーリストからも非常な好評を博し、今やすっかりロンドンの新ランドマークとして定着している。

　ミレニアム・ブリッジは、ノーマン・フォスターと彫刻家アンソニー・カーロとの共同作品。建築、芸術、エンジニアリングが一体となって生み出した構築物といえる。カーロは、リボンのように細いのに実は頑丈にできている金属の彫刻で知られる。全長320メートル、幅4メートルのこの橋も、リボンのようにスーパー・スリムだ。この長い橋を、川から突き出したたった2つのY字形の支柱が支える。橋本体はアルミニウム、欄干部分は

華奢な橋を支えるY字の支柱

ステンレス・スティール製。この長さを支えうる最軽量の構造なのだそうだ。

　このバランスが微妙すぎたのだろうか。2000年6月に華々しくオープンしたその日、10万人もの人が押し寄せて、橋がひどく揺れ、通行禁止となってしまったのだ。専門家の間で長期間対策が検討され、振動防止処置がほどこされ、通行止めから1年以上もたった2002年に、橋はようやく再開通した。

　ミレニアム・ブリッジは、1894年のタワー・ブリッジ以来、約100年ぶりにテムズ河にかけられた新橋。テイト・モダンとセント・ポール大聖堂を直接結ぶが、それはすなわち再開発進行中のテムズ南岸と古くからの経済の中心地シティを結ぶことでもあり、経済、産業への波及効果も大きい。ツーリストにとっては、新都から古都へまたその逆へと、時空を超える観光ができる橋でもある。

夜間はライトアップされ、細長い光が刃物のように見えることから、ブレード・オブ・ライト（光の刃物）と形容される。対岸に見えるのが、テイト・モダン

北側の対岸にはセント・ポール大聖堂

HUNGERFORD BRIDGE
ハンガーフォード・ブリッジ

1986年にロンドンで設立。常に都市計画全体を視野に入れ、大きな視点でスケールの大きな仕事に取り組む。オフィス、集合住宅、巨大スーパーマーケットほか、デパートのハーヴィ・ニコルス系のレストラン多数を設計。代表作ハンガーフォード・ブリッジは6賞を受賞した。2005年、合併によりリフシュツ・デイヴィッドソン・サンディランズと改名。

Victoria Embankment London WC2
最寄駅：地下鉄 Embankment
地下鉄、ナショナル・レイル
Waterloo/ Charing Cross
完成：2002年
設計：Lifschutz Davidson

南岸はロイヤル・フェスティバル・ホールなどの文化施設が密集するサウス・バンク。北岸は都心のウェスト・エンド

ミレニアム時期、テムズ河の眺めを一新する2つの大きな架橋工事がロンドンであった。ひとつが前出ミレニアム・ブリッジの新設、もうひとつがこのハンガーフォード・ブリッジの架け替え工事だった。

ビクトリア時代の有名な土木技師イサムバード・ブルネルによって、初代のハンガーフォード・ブリッジが架けられたのが1845年のこと。その後、1864年にこの橋は鉄道専用ブリッジに架け替えられ、あとからその横にもう1本歩行者用ブリッジが付け足された。鉄道用は実用だけで美観に乏しく、歩行者用の方も仮設橋としか思えないみすぼらしさだ

った。

ミレニアムを迎えるにあたり、これら困った橋をどうにかしようと1996年に国際コンペが行われ、リフシュツ・デイヴィッドソン社の案が採用された。彼らはまずみすぼらしい歩行者ブリッジを取り壊し、残った鉄道ブリッジを挟むように、両側に同じデザインの2本の歩行者ブリッジを架け渡したのだ。2本になったのには、真ん中の「美観に乏しい」鉄道ブリッジを、両側のぴかぴかの新橋で隠してしまう目的もあったようだ。

新歩行者用ブリッジは、古い鉄道ブリッジの土台と新しい土台とに、何本もの鉄柱を固

この新橋、ゴールデン・ジュビリー・フットブリッジという正式名称があるのだが、人々は慣れ親しんだハンガーフォード・ブリッジの名で呼び続ける

古い鉄道ブリッジの土台に新橋のワイヤーが固定されているのが、左に見える

定し、各鉄柱の頂上から14〜16本のワイヤーを伸ばし、それで橋を吊る構造になっている。鉄とワイヤーが形成する真っ白な三角形が連なるこの橋は、ミレニアム・ブリッジのエレガントさと比べ、もっとシャープでたくましい印象がある。いずれにしても、この両橋のおかげで、誰もが観光気分でテムズ河を

渡れるようになったのは、画期的なことだ。
　2本の歩行者用ハンガーフォード・ブリッジのどちらを渡っても、真ん中に古い鉄道ブリッジが見える。これだけは今もくすんだ色のまま。古い橋と新しい橋が土台を共有し、肩を組み合うように共存しているのが、なんともロンドンらしく、ほほえましい。

橋の両端には、ガラスのエレベーターが設置されている

こちらは新しい土台に打ち込まれた鉄柱

SOUTH QUAY FOOTBRIDGE
サウス・キー・フットブリッジ

West India Docks London E14
最寄駅：DLR South Quay/
Heron Quays
完成：1997年
設計：Wilkinson Eyre Architects

1983年にクリス・ウィルキンソンが会社設立。86年にジム・エアが加わり、現在の名称となる。モットーは「芸術と科学の両立」。建築一般はもちろん土木方面にも強く、97年以降だけで世界に14もの橋を架けている。駅舎建築でも活躍。今後は超高層建築にもチャレンジ。中国広州で432メートルという中国一高いビルの建築計画が進行している。

北岸のカナリー・ウォーフのビル群を望む

新しいロンドンを体感するには、まずドックランズ・ライト・レイルウェイ（DLR）に乗ってみるのが一番だ。ウェスト・インディア・キー駅かカナリー・ウォーフ駅から電車に乗り、南のグリニッジまで突っ切ってみよう。この線は高架式のモノレールなので、

上方からドックランズの活気ある再開発の様子をつぶさに見渡すことができる。

首の長いクレーンが立ち並び、いつも工事音が響くこのエリアには、未来都市の生命の躍動が感じられる。

サウス・キー・フットブリッジは、そんな

この橋は完成当初、長さが今の2倍あった。ヘロン・キーズの埋め立て工事で陸地が大きくせり出したため、橋は半分にカットされたのだ。ウソのような本当の話。といっても、これは最初から予定されていたことで、橋は初めから真ん中で切り離せるよう設計されていた

側面から見ると、ワイヤーが橋を吊っている構造がわかりやすい

ドックランズの中心、ＤＬＲのサウス・キー駅とヘロン・キーズ駅の間にある。小さな水路に渡された小さな橋。テムズにかかるミレニアム・ブリッジやハンガーフォード・ブリッジとは規模を比ぶべくもないが、ビル街とビル街をスムーズに結び、さらに建築ファンにとっては、カナリー・ウォーフのビル見学をするのに絶好の場所にあるので、あなどれない。

　サウス・キーからこの橋を北上すると、目の前にとんがり屋根の高層ビル、カナリー・ウォーフ。その周囲に25、40、50バンク・ストリートの3棟。この4軒は、すべてシーザー・ペリの設計だ。さらに10アッパー・ストリート（コーン・ペダーセン・フォックス）や20バンク・ストリート（ＳＯＭ）も。

　これら輝くビル群の前に、フットブリッジのシャープな鉄塔を入れてフレームを切り取ると、それは典型的な新しいロンドン像。レンガと石畳の旧ロンドンとは対照的な、ガラスとスティールとコンクリートの新世界だ。

　ドックランズは、かつての貿易港としての栄華を一度失い、荒廃しきった中から、再開発によって甦った。こんな歴史を知りたい方

鉄塔から両側に7本ずつワイヤーが張り出し、それで橋を吊る構造

には、ウェスト・インディア・キーにあるミュージアム・イン・ドックランズ（Museum in Docklands 住所：No1 Warehouse West India Quay London E14　電話：0870-444-3857）がおすすめ。

PADDINGTON WATERSIDE
パディントン・ウォーターサイド

www.paddingtonwaterside.co.uk
最寄駅：地下鉄、ナショナル・
レイル Paddington
完成：2013年頃予定
設計：Richard Rogers
Partnership/ Terry Farrell and
Partners/ HOK/Kohn Pedersen
Fox Associates/ Sheppard
Robson/ Sidell Gibson
Architects/ Munkenbeck +
Marshall Architects/ Jestico +
Whiles/ Broadway Malyan/etc

ウォーターサイド（リチャード・ロジャース・パートシップ）。2004年完成。エレベーターが外側に突き出たおなじみのデザイン。スーパーマーケットのマークス＆スペンサー本社が入居

　パディントン・ウォーターサイドは、パディントン駅に隣接し、グランド・ユニオン運河に沿った開発地域。80エーカーの土地に、オフィス、集合住宅、商業施設、ホテルなど約15棟のビル建設（一部改装ビルを含む）が進められている。1998年着工、15年がかりという長期プロジェクトゆえ、ビルも完成したもの、建設中、未着工と進度がまちまちだが、いずれも名作ぞろいで、「有名建築家が競作する新建築博覧会」と呼びたくなるほどだ。

　主だったものだけを拾っても、リチャード・ロジャースのウォーターサイド、テリー・ファレルのザ・ポイント、HOKのヒルトン・メトロポール、コーン・ペダーセン・フォックスのパディントン・セントラル・ビル。

　というわけで、建築好きの人は必見。また、そうでない人にもおすすめ。というのは、ここは職住近接の街を目指して、ビルばかりでなく緑や広場のスペースをたっぷり取り、アーティストが作った橋やら彫刻やらおもしろいものをいろいろ用意して、外からの散歩者も大いに歓迎してくれるからだ。ショップや

パディントン・ウォーク（マンケンベック＋マーシャル）。屋上庭園のある高級アパートメント

ザ・ポイント（テリー・ファレル・アンド・パートナーズ）。2002年完成。オフィスとして使用

カフェも徐々に営業を始めている。

　敷地内には物件の資料を用意したオフィスがあり、ビル見学ツアーも随時行われている。日程、参加方法はウェブサイトでチェックを。

　パディントン駅は都心にあり、地下鉄、ナショナル・レイル、ヒースロー・エクスプレスが乗り入れて、交通の便のよさも抜群。それゆえ、このウォーターサイドは大いに将来の発展が期待されている。

　それにしても、土地不足のロンドンにあって、なぜこんな都心に広い敷地がポッカリ空いていたのか。それがそもそも疑問である。問合わせてみたら、ここは昔の工場・倉庫地帯が、さびれたまま荒地と化していたのだそう。そんな土地がぴかぴかの人工的ニュータウンに変貌していく様子を見ていると、ここで起こっていることが、あたかも近未来ＳＦ映画の中の出来事のように思えてくる。

ワン・キングダム・ストリート（シェパード・ロブソン）。オフィス・ビル

水辺の開発に橋は欠かせない。これはガラス製筒状の橋。ほかに、船が通る時はくるくる丸まって道をあける橋、ステージになっていてパフォーマンスができる橋、と個性的な橋がそろう

MORE LONDON
モア・ロンドン

More London, London SE1
www.morelondon.com
最寄駅：地下鉄、ナショナル・レイル
London Bridge
完成：2008年予定
設計：Foster and Partners
10ページ参照

1号棟（右）と2号棟。どちらも棟の半分が曲線デザイン、もう半分が直線デザインのため、左右どちらから見るかにより建物の印象が異なる

　気がついた時にはもう建っていた。ロンドン市庁舎（10ページ）の隣に真新しいガラスのビル3棟。しばらく前に来た時はなかったのに。それから間もなく、また別な3棟が完成した。タワー・ブリッジに近いテムズ南岸の開発の速さに驚きつつ調べてみると、ここはモア・ロンドンと呼ばれる開発区域で、最終的に全7棟のビルができることがわかった。厳密にいうと、この開発区域に市庁舎も含まれるそうで、7棟＋市庁舎でモア・ロンドン、というわけだ。

　7棟のうち6棟の設計がフォスター・アンド・パートナーズ。ヒルトン・ホテルとなる1棟のみをジェスティコ＋ホワイルズ社が担当。13エーカーという広い敷地の中のこれだけ多数のビルを1社がほぼ独占的に設計するというのは、ロンドンでも他に例を見ない。

　2007年春現在、6棟が完成。7棟全部がそろうのは2008年頃になりそうだ。完成予想図を見ると、それぞれに特徴のあるスタイリッシュなビルで、圧倒的に「ガラス製」が多い。

　大半がオフィス用だが、閉鎖的なシティのビルと違い、公共性が重視されている。建物内で一般に開放されるのはカフェやショップに限られるが、外には噴水、階段劇場、屋外ギャラリー、芝生の広場があり、すでに市民に人気の「なごみの場」となっている。

　9月のオープン・ハウス（章扉参照）で、モアの1号棟が公開されたので、さっそく内部を巡るツアーに参加した。最上階10階まで昇ってみると、そこは明るく風通しのよいオフィス・スペース。テムズ河の眺めがすばらしく、特等席からロンドン観光をした気分になった。

　帰りにエレベーターで地上階まで降りた時、ツアー参加者のおばあさんがぽつりとつぶやいた。「ちっとも揺れないので、動いて

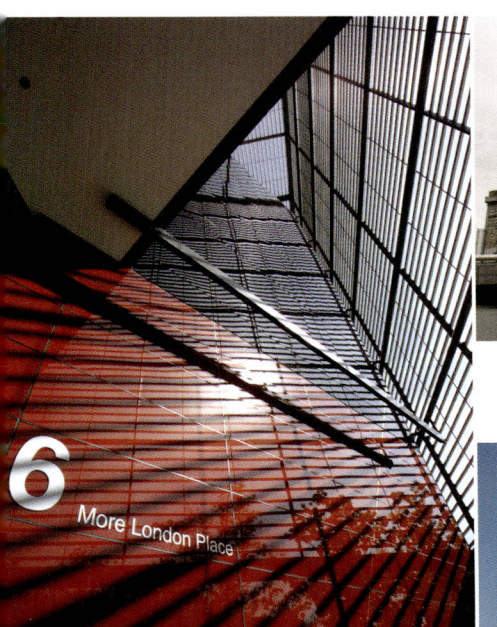

屋外ギャラリー。近くの階段劇場では、コンサートや
映画上映会が行われる

6号棟。カフェやショップはこの棟に集中している

透明感のある3号棟と4号棟。中庭に、噴水とカフェが
ある

ないのかと思ったわ」。イギリスではドアを
手動で開閉する旧式も多く、そういうエレベ
ーターは轟音をたて、盛大に揺れるので、静
かで揺れない新式に乗ると、驚いてしまう人
もいる。新旧のギャップの大きい国である。

完成予想図

ALBION RIVERSIDE
アルビオン・リヴァーサイド

Hester Road London SW11
www.albionriverside.com
最寄駅：地下鉄 Sloane Square
から19番、319番のバス
完成：2004年
設計：Foster and Partners
10ページ参照

アルバート・ブリッジとバタシー・ブリッジの間に位置する。対岸は高級住宅街のチェルシー

　テムズ南岸、といっても再開発真っ最中のバンクサイドやサウス・バンクからはずっと西のバタシーの地に、ドーナツを半分に切ったような、半円形の美しいガラスのビルがある。アルビオン・リヴァーサイド。フォスター・アンド・パートナーズが設計した高級集合住宅で、1寝室のフラット（アパートメント）から6寝室のペントハウスまで、さまざまなタイプがそろっている。

　建物正面のバルコニーの小さく波うった形は、目の前を流れるテムズのさざ波を思わせる。川と建物の間には、低木とベンチのある公共広場が設置され、アルビオンの住人ならずとも、ここで気持ちよくテムズの川風を楽しむことができる。この広場のスペースを空けるために、アルビオンは、真ん中が奥まった半切ドーナツ型になったといわれている。

　1ロンドン・ウォール（32ページ）などと同様、裏側に回るとがらりと外観が変わるフォスター・マジックが、ここでも働いている。

立地のよい南岸バタシーも、再開発により今後大きな発展が予想されている

ゆるやかに波うつ形のバルコニー。下から見上げると、ガラス素材でない基底部が見え、正面からの「総ガラス張り」とまた違った印象を受ける

裏側は丸みを帯びたグレーの壁面から銀色の足が何本も伸び、着地して、まるで河畔に降り立った宇宙船といった様相だ。表裏だけでなく、このビルは立ち位置、光の具合によって、まるで違った表情を見せるのがおもしろい。

　低層階にはいずれショップやカフェ、スポーツ施設の入居が見込まれているが、今のところテナントはまだあまり入っていない。目立つのはアルビオン・ギャラリーの存在のみ。ここはモダン・アートのギャラリーで、

空間自体すばらしいので、アルビオンを訪ねた折には、ぜひお見逃しなきよう。

　このビルの東隣りに立つもうひとつのガラスのビルは、御本尊フォスターの本社ビル。完成が90年なので、今と作風が違うのは当然だが、こちらはわりとあっさりした四角いビルで「紺屋の白袴」感がおもしろい。対岸からの眺めに配慮して、2つのビルがデコボコにならないよう、アルビオンはフォスター・ビルの高さに合わせて作られている。

アルビオン・ギャラリー。光のアーティスト、ジェームズ・タレルや自然物を作品に使うアンディ・ゴールズワージーなど、オープンしたてというのに、すでに展覧会歴に興味深い名前がたくさん並ぶ

着地した宇宙船のような建物の裏側

PALESTRA
パレストラ

197 Blackfriars Road London SE1
最寄駅：地下鉄 Southwark
完成：2006年
設計：Alsop Design Ltd

代表ウィリアム・オルソップは1947年生まれ。セント・マーティンズ芸術大学とAA（アーキテクチュラル・アソシエーション）スクールに学ぶ。仏マルセイユ市庁舎、独デュッセルドルフ・ハーバー・タワー設計などで国際的に活躍。ペッカム図書館でRIBAスターリング賞獲得。パドル・ドックなど今後も多数の大型建築計画を抱える。現在の名称はＳＭＣオルソップ。

形・サイズの違うクリスタルの直方体を積み上げたような構造。1階はショップに人が入りやすいよう、柱を巡らしたオープンな造りになっている

2006年末、ジュビリー・ライン、サザーク駅の真ん前に、人目を引くカラフルなガラスのビルが完成した。その名はパレストラ。古代ローマの格闘技場を意味する。黄色と青のカラー・プレートをアクセントにしたポップな外観で、つんとすました四角四面の高層ビルとは一味違う個性を放っている。

このビルの建築を手がけるオルソップ・デザインは、元々こうした明るい色使いが得意。

代表作のペッカム図書館は黄、赤、緑などをアクセント・カラーにしているし、ノース・グリニッジ駅（42ページ）は、ブルーにオレンジという配色だ。この建築会社の代表、ウィリアム・オルソップの威勢のいいキャラクターが、これらビル群に大いに投影されているのはまちがいない。何しろ彼のモットーは「退屈なやつらは消せ！」なのだ。

「目も醒める極上の建築物を提供しようと

カラフルなデザインのエントランス部分

する我々にとって、世界は退屈なものと決めてかかる人間たちは脅威である。やつらを止めろ。やつらを君の物語から消し去るのだ」。

という強い個性が片方にあるのだが、同時にパレストラの出現は時代の風潮をも感じさせる。ロンドンのインテリアを見ると、少し前からミニマリズム離れが始まり、どんどんと装飾的な方向へ進む傾向にある。建築物はインテリアほど変わり身が容易でないから、今までポップなビルはさほどなかったが、パ

レストラあたりを筆頭にそろそろ出始めており、時代感覚がオルソップ的感性と合致しつつあるのが感じられる。

このビルがあるのは、ドックランズに次ぐロンドン第二の再開発地帯であるバンクサイド。近隣にロンドン市庁舎（10ページ）やテイト・モダン（48ページ）あり。オフィス・ビルだが、ショップやレストランも入居しているので、「バンクサイド巡り」のルートにここを加えてみてはいかがだろうか。

都心、シティ、ドックランズ、どこへ出るにも交通の便がよいのがここの利点

ONE LONDON WALL
1ロンドン・ウォール

1 London Wall London EC2
www.onelondonwall.com
最寄駅：地下鉄、ナショナル・レイル Barbican
完成：2003年
設計：Foster and Partners
10ページ参照

ガーディアン紙が「冷たく光るガラスの氷山」と評した美しい建物正面

　岡並木著「駅再発見の旅」（ＮＴＴ出版）の中に、世界の交通研究家である氏が、ニューヨーク・グランドセントラル駅で立入禁止区域に入り込み、警官に肩を叩かれる話が出てくる。藤森照信東大教授は「建築探偵・東奔西走」（朝日文庫）の中で、研究熱心なあまり三度住居侵入したエピソードを披露している。こうした偉大なプロたちにならって、ロンドンの高層ビルを上まで突破してみたいものだと思うが、これがなかなか難しい。

　ロンドンのビルのほとんどが、オフィス用、という単一目的に使用されて、日本と違い誰

裏側は、正面と印象をまったく異にする。この傾向はアルビオンなどにも共通する

うデザインにしたかったのだ、としか思えない力強さがすばらしい。

　すぐ近くに2000年にできたリチャード・ロジャースのハイテク・オフィス・ビル88Wood Street（住所は名称と同じ）がある。こちらにも足を伸ばし、英国建築界の二大巨頭が道を挟んで相対している様子を鑑賞してみていただきたい。

間口5メートル、奥行き10メートルの「付け入る隙」。表示を見るとまるでここがロンドン博物館の入口であるかのようだが、ここは博物館へ続く歩道橋への入口にすぎない

でも入れるショップなどとの併用が非常に少ないためだ。たいていが入口と受付に二重に警備員を配し、部外者に対し完全に扉を閉ざしている。

　そんな中、わずかに付け入る隙があるのが、1ロンドン・ウォール。道の反対側にあるロンドン博物館へ通じる歩道橋への入口として、ごく小さな空間が一般人に開かれているのだ。そこにあるのはエレベーターとエスカレーターだけ。どちらで昇っても、2階へ行き着くと片側は壁で行き止まり。典型的なシティのオフィス・ビルなので、侵入はここまでが限度なのだ。そこからは、もう片側にある歩道橋を渡って、博物館へ入るしかない仕組みになっている。

　付け入る隙にばかり気を取られていると見落とすが、この建物自体、優雅な曲線といい、深い透明感といい、ただならぬ美しさを放っている。調べてみると、なるほどフォスター・アンド・パートナーズの作品であった。正面のカーブは角地ゆえの制約から必然的にでき上がったものらしいが、初めからこうい

2階へ昇る。突き当たりは壁で、これ以上1ロンドン・ウォールへの侵入は許されず、くるりときびすを返し、

この歩道橋を渡って、ロンドン博物館へ向かうことになる。博物館訪館の際は、用がなくてもぜひ1ロンドン・ウォール側から、歩道橋を渡って入ってみよう

ジュビリー・ライン延長区間

イギリス生まれのイタリア人建築家。70年代に仕事の本拠をローマから香港へ移し、地下鉄敷設事業に長年たずさわる。この実績を買われ、ＪＬＥ総監督に大抜擢。先進的感覚と強い指導力で複雑な組織をまとめ、ロンドン地下鉄に視覚的技術的近代化をもたらし、高い評価を得る。ＪＬＥはシビック・トラスト・アーバン・デザイン賞など数々の賞を受賞。

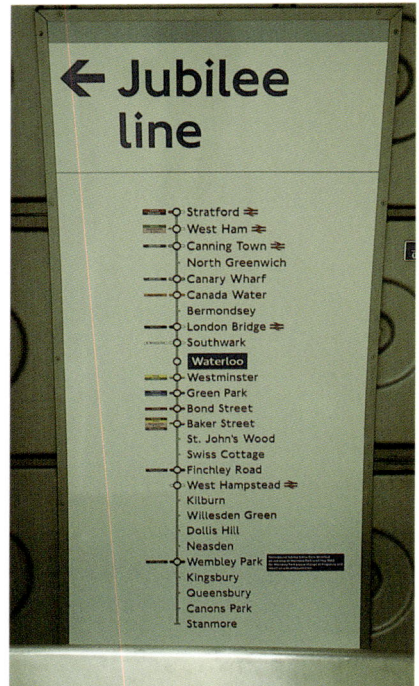

ジュビリー・ラインは北西ロンドンから都心を突っ切り、南ロンドン、ドックランズを通り、東ロンドンへ抜ける地下鉄。新設部分であるＪＬＥは、実際はグリーン・パークから始まっているが、駅舎が新しいのはウェストミンスター以東ストラトフォードまでの11駅。ロンドン・アイ、テイト・モダンなどの最寄駅を含み、観光にも便利な路線

　古いオンボロ路線の多いロンドンの地下鉄網にあって、唯一ぴかぴかに輝いているのが、ジュビリー・ライン延長区間（ＪＬＥ）だ。

　延長区間は、ジュビリー・ライン全27駅中、1999年に開通した新設部分で、都心のウェストミンスターから東のストラトフォードまで、11の斬新な駅舎が出そろい、システム、デザイン両面で世界から注目を集めている。

　総工費35億ポンドという大事業の総監督を務めたのは、ベテラン地下鉄建築家のローランド・パオレッティ。全体のコンセプトを打ち出し、各駅舎のデザインをそれぞれ異なる建築家に発注し、各人の個性を生かしつつ、ＪＬＥ全体のイメージ統一も図るという難事業を、この人は強力な統率力をもって成し遂げた。

　彼が建築家たちに示した統一ビジョンは、次のようなものだった。

　機能的には①駅とバス・ターミナルを連結させ、地域の交通網を充実させる。デザイン的には②地下まで自然光を最大限採り入れる。③地上駅以外のプラットホームに転落防止用のガラスの仕切りを導入。④細部の仕上げより構造の美を追求する。

　とりわけ④の方針が、ＪＬＥ駅全体のダイナミズムを生んだと高く評価されている。

　11の駅は、新築駅改装駅いずれも当代随一の建築家によるデザイナー・ステーション。1日乗り放題のパスを買って「未来的駅舎探索の旅」に出てみよう。

JUBILEE LINE EXTENSION WESTMINSTER STATION

ウェストミンスター駅

設計：Michael Hopkins and Partners

1976年、マイケル・ホプキンスによりロンドンに設立。素材本来の特質を生かしたストレートな表現が持ち味。近作にザ・ウェルカム・トラスト社屋、エヴェリーナ子供病院など。ウェストミンスターでは、地上の保守的なポートカリス・ハウスと地下のドラマチックな駅とを造り分け、用途に応じた多用なスタイルへの対応ぶりを印象づけている。

銀色っぽい光沢のあるコンクリートは、建築家オリジナルの配合によるもの。照明もドラマを盛り上げるのに一役買っている

同じマークを使いながらも、駅名表示は各駅毎にさまざまなデザインの工夫が凝らされている

一連のJLE新駅の導入部にふさわしいドラマチックな駅。打ち放しのコンクリートの壁とスティールのパイプで形成された広大な地下深部へ降りていくのは、あたかもドイツ表現主義映画「メトロポリス」の中へ入り込むかのような体験だ。あるいは建築家の言うように、ピラネージ（牢獄や廃墟を描いた18世紀イタリアの建築画家）の世界だろうか。いずれにせよ、大きすぎる映画セットのような異次元空間である。

現実問題、ここは国会議事堂とウェストミンスター寺院という重要建築を近隣に控え、警備、建物保全の両面から極度に慎重な工事を強いられた。さらに駅の真上にポートカリス・ハウス（議員会館的ビル）を同時に建設するという条件も重なり、11駅中一番の難工事だったといわれている。

「細部の仕上げより構造の美を追求」というJLE全体を貫くポリシーが端的に表われた例。生のままの素材を生かした、ダイナミックな構造美を堪能したい。

映画のセットのような地下世界

ウォータールー駅

設計：JLE Architects

ローランド・パオレッティがJLE建設のために特別編成したチーム。無名の建築家集団だが、ウォータールーとカナダ・ウォーターの設計を全面的に手がけたほか、他の駅でも有名建築家をサポートして大活躍。JLE全体にイメージ的統一感が生まれたのは、このチームがあったからこそ。内部に部材デザインの部署もあった。全駅竣工後に解散。

プラットホームへの入口。突き当たりに、乗客の線路への転落を防止するガラスの仕切りが見える。仕切りのドアと車輌のドアがシンクロして同時に開閉する

　JLE開通前からこの駅は、地下鉄3線とナショナル・レイル、さらに国際列車ユーロスターの発着所まで抱える大所帯だった。JLE追加に際し、建築家チームは駅の広さを生かして、既存のスペースを最大限活用し、新設部分を最小限にとどめる経済的な方策をとった。そのため駅の外観の刷新は、ごく表面的なものにとどまっている。

　JLEの存在が実感できるのは、在来線と明らかに違うデザインの通路に達してから。プラットホームへの入口はシャープなラインのスティール、壁はコンクリートと、この線特有のシルバーとグレーの世界だ。

　この駅の欠点は、あまりに広いために各線の乗り場が離れており、乗り換えに時間がかかること。これを補うために「動く歩道」が設置されているので、逆に空港風の移動を楽しんでしまおう。移動しながら壁材や天井の点検を。JLEの部材は似た雰囲気でありながら、駅ごとに微妙にデザインが違っていておもしろい。

通路の両側に、それぞれ西往きと東往きの電車が発着する。広告が絵画のようにフレームに入っているので、抑制がきいてうるさくない

楕円のガラスに囲われた階段。堂々と通路をふさいでいるわりに用途不明で、長年の謎だったが、聞いてみたらエスカレーター制御室へ通じるエンジニア用の入口とのこと

JUBILEE LINE EXTENSION SOUTHWARK STATION

サザーク駅

設計：MacCormac Jamieson Prichard

社名の3人により1972年、ロンドンに設立。大型公共建築から展覧会デザインまで、幅広い仕事ぶり。オックスフォード、ケンブリッジ両大学の校舎、学生寮など教育関連施設の設計も多い。科学博物館ウェルカム棟、サザーク駅を手がけてから仕事が一段と大型化。2009年完成予定でＢＢＣ放送センターの増改築工事が進行している。

ウォータールー・イースト駅へ通じる高さ16メートルのコンコース。地下ではあるが天窓から自然光が入り、青ガラスの装飾が引き立つ

青ガラスの向かい側は、対照的にハードなグレーの石造り。開口部は、もう一層下にあるＪＬＥプラットホームへのエスカレーターの乗り口になっている

目の前にパレストラ（30ページ）、徒歩10分のところにテイト・モダン（48ページ）というロケーション。サザーク駅は、住宅やオフィスの開発が急ピッチで進むバンクサイドの中心にあり、今後利用度が急速に高まっていくことが予想される。

　ＪＬＥのみのための新駅だが、新設にあたり、この駅の西約300メートルのところにある地上駅ウォータールー・イーストとの間をつなぐコンコースも一緒に建造された。

　一番の見どころはこのコンコースで、片側の壁面全面が美しい青ガラスで装飾され、駅というより美術館のような仕上がりになっている。装飾はガラス・アーティスト、アレクサンダー・ベレシェンコの作品で、計630枚の三角形のカット・ガラスが使用された。コンクリート建築が打ち続くＪＬＥ駅の中にあって、ここは一服の清涼剤的スペース。

　他にアール・デコ風の円筒形天窓や、ＪＬＥ通路にある一対の大型照明なども、お見逃しなく。

外観。1930年代アール・デコの時代にロンドンの地下鉄駅を多数設計したチャールズ・ホールデンの作風を意識したデザインといわれている

JUBILEE LINE EXTENSION LONDON BRIDGE STATION

ロンドン・ブリッジ駅

設計：Weston Williamson Architects/
JLE Architects

アンドリュー・ウェストンとクリス・ウィリアムソンにより1985年に設立されたロンドンの建築会社。一般物件も手がけるが、ＤＬＲロンドン・シティ・エアポート駅、イースト・クロイドン・バス発着所設計など、公共交通機関の仕事が圧倒的に多い。クロス・レイルの新駅設計にも関わる予定。ＪＬＥアーキテクツについては36ページ参照。

出口へ向かうエスカレーター。外に出ると、そこは有名な食材市場バラ・マーケット。最近では「グルメの街」が駅の内部にまで侵入し始め、駅構内に小さな食品店が並ぶようになった

このガラス板も長年の謎だったが、聞けば壁を保護し、かつ通行人をエスカレーターへスムーズに誘導するためにあるのだそう。色は、視覚障害者にもわかりやすい黄色が選ばれた

ロンドン・ブリッジ駅は、1836年、ロンドンに初めて鉄道が敷設された時に建造されたこの街最古の駅のひとつ。ブリティッシュ・レイルと地下鉄の両方が乗り入れているが、たび重なる増改築の結果、混雑した広い迷路のような状態になっていた。

これを改善すべく、ＪＬＥ新設と同時に、各路線間をスムーズに結ぶ乗り換え通路の設置など、駅全体の整備が行われた。

ＪＬＥ部分は、ダクトや金属部分がむき出しになったクールなインダストリアル風空

間。半円形の通路の両側にプラットホームが伸びる構造は、ウォータールー駅のバージョン違いといった感じ。両駅の類似は、同じＪＬＥアーキテクツが設計に関わっていることによるものだろう。

ぴかぴかのＪＬＥから目を転じて、駅全体を見ると、黒くくすんだ大昔のレンガ、新しいレンガで補修された部分、最近加えられたガラスとスティールと、まさに時代のパッチワーク。時の堆積を一望できる、ここは博物館のような駅である。

通路の真ん中に陣取る、地下鉄ノーザン・ラインへの乗り換え階段。こちらにも連続して黄色が使われている

イアン・リッチーにより 1981年に設立。ロンドンにオフィス、パリにデザイン・エンジニアリング会社を構え、イギリス及びヨーロッパ全土で、部材デザインから建築、都市計画まで広範囲にわたる仕事を展開。代表作はライプツィヒ国際見本市センター（共作）、ロンドンのクリスタル・パレス野外音楽堂、ダブリンのモニュメント、ザ・スパイアなど。

「自然光注ぐ、構造の美しい空間」。ＪＬＥ全体を貫くコンセプトが、ここでもしっかり体現されている

外観。駅舎が見通しのよいガラス張りなのは、治安のよくないエリアゆえの防犯対策でもある

　ガラスの駅舎の中へ入ると、そこはがらんとしたエントランス・ホール。半透明の天井を通して太陽が明るく射し込む。そこからＪＬＥ乗り場へは、エスカレーターで急降下。両側をごつごつしたグレーのコンクリート壁に挟まれた空間を、人々が光の世界から闇の世界へと吸い込まれていく。地下はほの暗く、さらに粗いテクスチャーのコンクリート世界で、地上部分との落差が大きい。

　駅の外観が平凡なだけに、中がこういうすごい展開になっているとは思いもよらない。

　担当建築家は、自然光がホームまで届く明るい乗り場にしたかったそうだが、駅の敷地は狭く、ＪＬＥは深度がある。ということで採光面での妥協を余儀なくさせられたのだが、逆に不利な条件がスケール感のある光と闇のドラマを生んだともいえる。

　バーモンジー付近は、自治体が低所得者層に供給するカウンシル住宅が並ぶ、やや活気に欠けるエリア。再開発の進行はゆるやかだが、逆に駅そのものが地元の近代的発展を呼んでしまいそうな気概をはらんでいる。

プラットホームのベンチ。ＪＬＥでは腰かけられるベンチと、寄りかかるだけのリーン・バーの2種類が、ホームの広さにより使い分けられている

駅舎は直径25メートルのガラスの円筒形。バーモンジー駅同様、これもホールデンの作風を21世紀風に置き換えたものといわれている。エヴァ・ジリクナ・アーキテクツ設計のバス・ターミナルが隣接している

ドックランズ一歩手前の平板な景色の中で、ひときわ目立っているガラスの円筒形建築が、カナダ・ウォーター駅。この地域は以前交通の便が悪かっただけに、ＪＬＥ開通が地元住民の生活にもたらした恩恵は大きい。

円筒の内部は、想像以上に下への奥行きがある。切符売り場へ向かう途中にあるガラスの通路からは、直径2メートルもありそうなコンクリートの円柱群やグレーのモザイクの巨大なエレベーター・ボックスが眺め下ろせて、壮観。この通路は、モダンな地下鉄駅鑑賞のために用意されたギャラリーなのではないかと思ってしまうほどだ。

円柱群は、将来上方に駅ビルを増築する可能性を視野に入れ、その礎とするべく特に頑丈に造られたもの。ここは比較的低予算でまかなわれた駅にも関わらず、ダイナミックな空間構成といい、光の具合で中の雰囲気が変わる叙情性といい、将来を見越した計画的設計といい、大変に優れた建築と、専門家の間で評価が高い。

円筒の内側。ガラスの通路から眼下に広がるダイナミックな駅構造の鑑賞を

将来の増築を見込んで造られた、頑丈な円柱

楕円の列柱が並ぶ巨大コンコース。乗り入れはJLEとDLRの2路線だけだが、ピーク時の混雑は都心のターミナル駅並み。切符売り場などすべての付属施設を側面にまとめたすっきりしたレイアウトで、人の流れがスムーズに

　ドックランズの中心に位置するJLE主要駅のひとつ。ヨーロッパ有数のビジネス街と大規模な地下ショッピング・センターを近隣に有し、ピーク時はロンドン都心のターミナル駅並みに混雑が激しい。

　そんな利用度の高さを反映して、駅のサイズもJLE11駅中最大。深さ24メートル、コンコースの長さ約300メートル、20のエスカレーターが稼動している。主要駅にふさわしく、設計も重鎮フォスター・アンド・パートナーズがあたった。

エスカレーターと内側から見たキャノピー

　この駅は地上に駅舎がなく、駅の真上は公園となっており、その中に地下鉄入口としてガラスのキャノピーが3ヵ所設けられている。キャノピーはフォスター特製で、光を屈折させて駅の最深部にまで太陽光を到達させる仕掛けになっている。

　構内は、ゆるやかにカーブする天井を長大な楕円の列柱が支える、聖堂のような空間。簡潔なラインで構成された「モダンな荘厳さ」の好例を見る思いがする。

中央のガラスのキャノピーが駅への入口。周囲には高層新建築が林立する

JUBILEE LINE EXTENSION NORTH GREENWICH STATION

ノース・グリニッジ駅

設計：Alsop Lyall & Störmer

ウィリアム・オルソップのかつてのパートナーシップ。ヤン・ステーマーはハンブルクに事務所を構えるドイツ人建築家。オルソップとはペッカム図書館も共作した。ジョン・ライルはロンドンが本拠。建築一般ほかリーズやカーディフの都市計画などにも参画。現在パートナーシップは解消されている。オルソップについては30ページ参照。

マリンブルーのガラスの壁が水族館を思わせる。ブルーをベースにオレンジ色がアクセントとしてちりばめられている

　コンクリートのグレーにしばしお別れ。ノース・グリニッジは、深いマリンブルーの美しい駅である。ＪＬＥは全体にイメージの連続性がありながら、要所要所にこのような個性的な駅がさし挟まっていておもしろい。

　壁のガラスも柱のモザイクもブルー。ブルーを提案したのは、色に強いこだわりを持つオルソップだった。ブルーを使い、虚空を浮遊するような空間を演出したかったのだという。確かに、こんなふうに海の底を漂うような感じのする駅を、他に見たことがない。

　この駅はミレニアム・ドームへの人の輸送が主な役割であるため、ドーム閉鎖中は閑散としていたが、ジ・02（86ページ）としてのドームの再開にともない、かつての活気が戻ってきている。

　地上のバス・ターミナルはフォスター・アンド・パートナーズの設計。オルソップの駅を降り、フォスターのターミナルを通りロジャースのドームへ。ジ・02へのお出かけは、すなわち偉大な建築ツアーでもあるのだ。

中地下のコンコースからエスカレーターまたは階段でプラットホームへ降りる構造。ホームから上方へ伸びる13メートルのＶ字の柱が天井を支え、その天井からスティール材でコンコースが吊り下げられている

ジ・02はすぐ目の前。周辺の大規模な宅地・商業地開発も進んでおり、将来的に利用客の大幅増加が見込まれている

JUBILEE LINE EXTENSION CANNING TOWN STATION

カニング・タウン駅

設計：Troughton McAslan

ジェイミー・トラウトンとジョン・マッカスランのチーム。現在は後者を中心にジョン・マッカスラン＋パートナーズと改称。ロンドンにオフィス、マンチェスターとミラノにスタジオを構える。イタリアのマックス・マーラ社屋設計、ロンドンのデパート、ピーター・ジョーンズ改装が代表作。キングス・クロスの駅舎改装など鉄道関係の仕事も多い。

V字のコンクリート柱が活躍するJLEのプラットホーム。この1層上がDLRのホームになっている

　JLEも、ここまで来るとかなり辺鄙な土地柄になる。前のノース・グリニッジは、以前ガス工場のあったところで、ドームも駅も汚染された土壌を浄化してから建てられた。ここカニング・タウン駅は、ビクトリア時代の造船所の跡地にできた。1920年代の造船所閉鎖後、この町はさびれたままだ。

コンコースは地下だが、天井のほぼ全面が天窓になっているため、地上のように明るい

　JLEは地下鉄だが、ここから終点までは地上駅となる。色彩はブルーから一転して、再びシルバーとグレーの典型的JLEカラーに戻っている。

　狭い土地に3路線が押し込められたため、そのうちのJLEとDLRのプラットホームが折り重なるような2階建てとなっているが、ここでも頑丈なV字コンクリートが、がっしりと1階の天井を支えている。一方でスティールの部材などは、細やかなデザインのものが使われ、駅に繊細な表情を与えている。

　構内に、かつてここが造船所であったことを示す記念碑あり。未来的駅舎の中の歴史的部分をぜひ見ておこう。

駅とバス・ターミナルをつなぐ通路は、サイファイ映画のロケに使えそうなスペース

JUBILEE LINE EXTENSION WEST HAM STATION

ウェスト・ハム駅

設計：Van Heyningen & Haward

ジョアンナ・ヴァン・ヘイニンゲンとバーキン・ハワードにより1983年に設立。木、レンガといった伝統の建材の持ち味を尊重するトレンドから距離を置いた堅実な作風。それゆえかオックスフォード、ケンブリッジ両大学、ラティマー・アッパーなどパブリック・スクール、図書館、博物館の仕事が多い。代表の2人はナショナル・トラストの建築アドバイザーも務める。

エスカレーター・ホール。ＪＬＥ唯一の新築レンガ建築。天井の格子にひとつずつはまった電燈の並びは、カフェなどにも応用できそうなお洒落さ

円柱の並ぶ駅入口。シンプルで頑丈なレンガの駅は、ガラスとスティールの建物に比べ、メインテナンスが容易ではある

レンガととコンクリートとガラス・ブロックにスティールがあしらわれ、控え目な新しさ

　ウェスト・ハムも、同名のサッカー・チームの本拠があることを除けば、とりたてて特徴のない工場とカウンシル住宅の町である。

　建築家はこういうエリアに未来的駅舎は無理があると考えたようだ。そこで出た結論が、レンガ建築。「未来派」が席捲するＪＬＥにあって、レンガというイギリスでは普通すぎる建材が、かえって異質に見える。

　「この場所にハイテク建築は、どうにも浮いてしまう感じがした」と担当建築家は言う。「我々が建てたのは、ミレニアム・ランドマ

ークでなく、時代を超えた駅なのです」とも。

　壁も角柱も円柱もレンガ。通路には、ちょっとレトロな分厚いガラス・ブロックが大量に使われている。このコンビネーションは、確かに未来性より永遠性、ハイテクのドラマ性より古典的整合性を感じさせる。

　あえてコンクリートとスティールの流行に乗らない彼らの頑固さも、それを尊重して受け入れるＪＬＥ側の度量も、どちらもとてもイギリス的だ。

ストラトフォード駅

設計：Chris Wilkinson Architects
現Wilkinson Eyre Architects　22ページ参照

上品なハイテク感がこの駅の持ち味。駅は2階建てで、2階は乗り換え通路になっている。中央がJLEのプラットホーム。ホームだけはトラウトン・マッカスラン社の設計

　JLEの終点。殺伐としたエリアを抜けて、ここは中規模の市街地である。駅舎は柔かくカーブした屋根がガラスの建物を覆う、上品なハイテク建築。ファサードのみならず、内部の手すりやエレベーターまでガラス製のため、外観の透明度がとびきり高い。

　エントランス・ホールが広くとってあるので、構造はわかりやすいが、よく見るとJLE、DLR、地下鉄、ナショナル・レイルの線路がばらばらな方向から侵入してきており、実は複雑な状況をデザイン・センスで利用しやすくまとめた駅であることがわかる。

　将来的にはロンドンの東西を突っ切る新線クロス・レイルもここに乗り入れ予定。それ以前、2007年秋にはロンドンとヨーロッパ大陸を結ぶ新国際路線チャンネル・トンネル・レイル・リンクが開通し、少し離れたところにストラトフォード国際駅が誕生する。周辺は2012年オリンピックの主要施設の建設用地でもあり、ストラトフォードは今後大きな発展が見込まれている。

2階の乗り換え通路。常に壁画アートで飾られている

ホームのハイテク・キュートなベンチ。ここからまた都心へ戻る際、線路の西側に見える「ストラトフォード・マーケット・デポー」に注目を。駅と同じ建築会社による電車車庫で、一般人は立入り禁止だが、写真で見ると駅以上に壮大なハイテク建築で気になる存在

楽しむ
美術館
博物館
図書館
劇場
映画館
スタジアム

Tate Modern
テイト・モダン

British Library
大英図書館

The Great Court at The British Museum
大英博物館グレート・コート

Victoria & Albert Museum Architecture Gallery
ビクトリア&アルバート・ミュージアム建築ギャラリー

Science Museum Wellcome Wing
科学博物館ウェルカム棟

Fashion and Textile Museum
ファッション・アンド・テキスタイル・ミュージアム

Somerset House
サマーセット・ハウス

Wallace Collection
ウォレス・コレクション

Serpentine Gallery Summer Pavilion
サーペンタイン・ギャラリー・サマー・パヴィリオン

Geffrye Museum 20th Century Galleries
ジェフリー・ミュージアム　20世紀ギャラリー

Jerwood Space
ジャーウッド・スペース

White Cube
ホワイト・キューブ

British Airways London Eye
英国航空ロンドン・アイ

Royal Opera House
ロイヤル・オペラ・ハウス

Hampstead Theatre
ハムステッド・シアター

Almeida Theatre
アルメイダ・シアター

Laban
ラバン

BFI London Imax Cinema
BFIロンドン・アイマックス・シネマ

Apollo West End
アポロ・ウェスト・エンド

The 02 (ex Millennium Dome)
ジ・02（旧ミレニアム・ドーム）

Wembley Stadium
ウェンブリー・スタジアム

Lord's Cricket Ground Media Centre
ローズ・クリケット場メディア・センター

ミレニアムを機に、ロンドンでは文化施設が一新された。政府の肝いりで数々の記念建造物が建てられ、新しい美術館ができ、古色蒼然たる博物館にさえ内側に目の覚めるような改装がほどこされた。カフェなどの付帯設備がグレードアップしたのもうれしい改革。おまけに、このころ国立美術館と博物館の入場料無料化が実現した。先頃テイト・モダンが新館設置を発表したりと、改新の動きはミレニアムをとうに過ぎた今もなお続いている。スポーツ施設の充実ぶりも目を見はるばかり。こちらもオリンピックに向けて、建設ラッシュはまだ続く。ロンドンには古めかしさが魅力の美術館や博物館も多いが、古い建物と古い収蔵品をただ保存するだけでは街の文化は停滞してしまう。イギリス人は古い国に生きるがゆえに常に新しいものを求め、「歴史」と「先進的デザイン」をスマートに折り合わせていくのがとても上手だ。ロンドンの文化施設の「新顔」だけに着目し、イギリス式モダナイゼーションの成果を見てみよう。

TATE MODERN
テイト・モダン

Bankside London SE1
020-7887-8888
www.tate.org.uk
開館：日曜〜木曜 10:00〜18:00
金曜、土曜 10:00〜22:00
料金：無料 一部特別展は有料
最寄駅：地下鉄 Southwark
地下鉄、ナショナル・レイル Blackfriars
完成：2000年
設計：Herzog & de Meuron

ジャック・ヘルツォークとピエール・ド・ムーロンは、 50年生まれ、スイス、バーゼル出身の幼なじみ。同じ 連邦工科大学建築科を出て、78年に共同で事務所を開 ロッパを中心に活動していたが、テイト・モダンで 躍世界に名を馳せる。近作はほかにラバン（80ページ）、プラ ダ青山店、北京のオリンピック競技場など。

ターバイン・ホール。インダストリアル・ビル特有のダイナミズムあふれるスペース。広さを生かして、大型アート展示場として使われる。ここでもライト・ボックスの存在感が光る

テムズ河畔で廃墟となっていた巨大インダストリアル・ビルを改造してできた現代美術館。テイト・モダンは、建物の成り立ちからしてドラマチックである。

大成功を収めたミレニアム・プロジェクトの中でも、ここは一番人気を誇り、オープン5年で当初の目標の2倍の入場者数を記録。すでにポンピドゥ・センターやMoMAと並ぶ世界的美術館の仲間入りをしている。コレクションの力はもちろんだが、建物自体の魅力もこの人気に貢献しているのはまちがいない。

中央に煙突が1本突き出た横長の直方体建築。ここはジャイルズ・ギルバート・スコットの設計で1963年に完成した火力発電所だ

った。81年の閉鎖後放置されたままになっていたこのビルの美術館化に取り組んだのは、激戦コンペを勝ち抜いたスイスの建築会社ヘルツォーク＆ド・ムーロン。

彼らは外観にあまり手を加えず、建物の工業建築美をそのまま残した。レンガの外壁を研磨し、屋根と煙突の頂上にライト・ボックスを載せただけ。変化はわずかだが、実はこのライト・ボックスは、20世紀建築を21世紀建築へと転換させる絶大なデザイン効果を持っている。

内部は、これとは裏腹に大改造。鉄骨だけを残して一旦すべてをくりぬき、7層に及ぶ美術館施設をしつらえた。白木の床、階段やエレベーターのミニマルなライン、各ギャラ

ミレニアム・ブリッジの南のたもとに位置する。南西ロンドン、ピムリコのテイト・ギャラリーが手狭になったために新設されたこちらのビルは、いわば新館。ピムリコの方は「テイト・ブリテン」と改称され、主に1500年以降の英国美術を、「テイト・モダン」は1900年以降の世界の美術を収蔵。両館をボートで結ぶテムズ航路もある

ギャラリーはシンプルに白。自然光とシーリング・ライトを組み合わせている部屋が多い

リーの入口を彩る中間色。彼らの繊細なデザインを、発電所時代のごつい鉄骨が支える。この大胆と繊細の抱き合わせが、テイトを特別な場所にしているように思える。

　何度も通ううちに、ここは初めから現代美術館となるべく造られたのではないか、との錯覚にとらわれそうになる。それだけ巧みに元のビルが生かされているのだ。実際、美術館生命の方が、短命だった発電所生命よりずっと長くなりそうである。同じ建築家チームによる大規模な増築計画が、2012年の完成をめどに、最近動き出したところだ。

ヘルツォーク＆ド・ムーロンのスタイルは建物により大きく異なるが、「黒い階段」はラバンと共通している

装飾要素はないが、シャープにしてお洒落な館内。ここはメンバーズ・ルームのある階。この上（最上階）はレストランとバー。他にカフェ、ショップも完備

BRITISH LIBRARY

大英図書館

96 Euston Road London NW1
020-7412-7332
www.bl.uk
開館：ギャラリー、ショップ
月曜〜金曜　9:30〜18:00
（火曜〜20:00　土曜〜17:00）
日曜、祭日　11:00〜17:00
（閲覧室は日曜、祭日休み。時間も上記
と異なる。また入室には事前にパスの
取得が必要なので詳細はウェブサイト
でチェックを）
料金：無料
最寄駅：地下鉄、ナショナル・レイル
St Pancras/ King's Cross/ Euston
完成：1997年
設計：Colin St John Wilson & Partners

コリン・セント・ジョン・ウィルソンは1922年生まれ。兵役をはさんで、ケンブリッジ、ロンドン両大学で建築を学ぶ。戦後は行政役側の建築役人の立場から、街の復興に尽力。後に建築家として自社設立。ケンブリッジ大学建築科主任教授を務めつつ、ライフワークとなった大英図書館ほかロンドン大学の図書館などを手がける。著書多数。

自然光がたっぷり入る明るい閲覧室。大理石、青銅、木、レザーと家具・建材には贅沢な素材が使われている。2007年の蔵書約1400万冊。この図書館は、実際に出向けない人のためのオンライン・サービス（研究者用の資料有料コピー送付、海外発送可のネット書店機能など）も充実しているので、ウェブサイトにアクセスしてぜひ使いこなしたい

　旅行中に図書館へ行こうと思う人はあまりいないかもしれないが、ここ大英図書館はぜひ観光リストに入れてほしい場所。とにかく楽しい。1日いても飽きないくらいに。

　閲覧室に入るには、事前にパスを申請しなければないので、とりあえずここは飛ばし、まず3つのギャラリーを訪ねてみよう。貴重な写本や初版本を集めた常設展ほか、書物に関する興味深い企画展が行われている。これがすんだら、カフェで一休み。美しいキングス・ライブラリーを横目に見上げる位置にあり、ここほど知的な「眺めのよいカフェ」をほかに知らない。さらにショップ。主要収蔵本の関連書籍ほか、蔵書票に栞、と本の周辺グッズが充実している。

　ここまで来たら、残るはビル・ウォッチン

キングス・ライブラリー。国王ジョージ3世の蔵書コレクション。金の背文字の革装本ディスプレイは壮観

カフェとレストラン。左手にキングス・ライブラリーがある

グだ。設計を手がけたコリン・セント・ジョン・ウィルソンは、この建物を「イングリッシュ・フリー・スクール」に基づく様式、と表現する。イギリスで19世紀半ばに起こった、古典様式にとらわれないフリーフォームの建築で、非対称の造り、直線構成、片流れ屋根などにその特徴が見られる。

　元々大英博物館の一部だった図書館を独立移転させる案は古くからあり、1962年にはすでにウィルソンが建築家として任命されていた。しかし、計画が紆余曲折するうちに、97年の完成までに35年もの年月が流れてし

まった。長い工期とたび重なる設計変更の果てに、多少バランスのくずれた部分があるとの批判もあるが、何よりも流行と無縁の品格と重厚感のある建物の中で「本がしっかりと守られている感じ」があるのがいい。

　一般人が入れるのは3層だけだが、ここは実は地上14階地下9階の、イギリス最大の20世紀建築物なのだ。蔵書は毎年膨大に増えていくが、200年以上の増加分に対応する用意があるという。そのスケール感は、蔵書保管庫を見ずとも、我々が入れる3層の中で、十分に体感することができる。

3つのギャラリーの中で一番大きいジョン・リトブラット・ギャラリー。マグナ・カルタ、シェークスピアの初版本、ルイス・キャロル手書きのアリス本など、書物界の至宝を常設展示

外観。右に見えるネオ・ゴシック建築は、ジョージ・ギルバート・スコット設計のセント・パンクラス駅

THE GREAT COURT AT THE BRITISH MUSEUM

大英博物館グレート・コート

Great Russell Street London WC1
020-7323-8000
www.thebritishmuseum.ac.uk
開館：本館
毎日10:00〜17:30（木曜、金曜〜20:30）
グレート・コート
毎日9:00〜18:00（木曜〜土曜〜23:00）
コート・レストラン
毎日11:00〜17:30（木曜、金曜〜22:30）
料金：無料　一部特別展は有料
最寄駅：地下鉄 Holborn/ Tottenham
Court Road/ Russell Square
完成：2000年
設計：Foster and Partners
10ページ参照

中央が、大英図書館がここにあった時代の名残りをとどめる閲覧室。書物の詰まった19世紀の美しいドーム建築を内側から見学してみるのをお忘れなく。両側から閲覧室を挟むように建っているのが古代ギリシャ風のファサード

　大英博物館の中庭をすっぽりとガラスの屋根で覆ったグレート・コート。ミレニアムにできたこの「ガラスの中庭」は、晴れの日も曇りの日もいつもふんわりした明るさに満ちている。古代風にも未来的にも見え、あらゆる時代の人類の文化遺産を収めたこの博物館のスタンスを象徴しているかのようだ。

　大英博物館と大英図書館（50ページ）がまだ同じ敷地内にあった頃、この中庭は、今中央に見えるドーム型閲覧室を中心に、その周りに書庫が立ち並ぶごちゃごちゃとした場所だった。1997年の図書館移転を機に、この部分の大改装が決定。フォスター・アンド・パートナーズの設計案が採用された。

　彼らは閲覧室を残して書庫を取り払い、さらに閲覧室を四方から囲む4つのファサード（それぞれが館内の展示室へ通じている）を整備し、全体をゆるくカーブしたガラスの屋根で覆った。地下に展示室と教育施設を増設、また閲覧室の側面に階段を這わせ、上階にも新しい展示室とレストランを設置した。

　グレート・コートを数字で表わすと、こうなる。床面積約6700平方メートル、天井の高さ、一番高いところで26.3メートル、屋根に使われたスティール材478トン、ガラス315トン、枚数にして3312枚。中庭は歪んだ長方形、閲覧室も中心からずれている不規則な形状ゆえ、屋根のカーブを均一にするた

北側のファサードと閲覧室の上階を結ぶガラスのブリッジ

上方から見たグレート・コート。真ん中に丸い穴のあいた四角いドーナツ型と考えるとわかりやすい。中央に突き出しているのは閲覧室のドーム。博物館自体はロバート・スマーク設計、1852年完成のグリーク・リバイバル様式

めに、その構成要素である三角のガラスは、何と1枚1枚微妙に形が違っているそうだ。

1階には案内デスク、カフェ、ショップがあるくらいで、いわばここは広大な屋内公共広場。収蔵品が増えすぎ、展示スペースが足りないと悲鳴を上げているわりに、展示室増設はほどほどにこんなゆとりの広場を造ってしまうおおらかな空間感覚に感心する。

真ん中の閲覧室は、昔は一部の研究者のみに開かれていた場所。今では誰もが中を見学

できる。ここに限らず、美術館や博物館では改装と同時にそれまで一般人入場不可だった部分の開放が進むケースが多い。改装は建物に開放感をもたらすだけでなく、しばしば実際のスペースの開放、場の民主化にもつながっているのだ。

白い床はフランス産ライム・ストーン。屋根の特殊ガラスは太陽光を50パーセント以上遮断する性質を持っている

博物館の閉館後、カフェ、レストランだけが夜遅くまで営業する日も。こんないい場所にありながらどちらも味がいまひとつ。ロンドンでは、建築に比べ食の立ち遅れが気になる

VICTORIA & ALBERT MUSEUM ARCHITECTURE GALLERY

Cromwell Road London SW7
020-7942-2000
www.vam.ac.uk
開館：毎日 10:00〜17:45
（金曜〜22:00）
料金：無料（寄付歓迎）
一部特別展は有料
最寄駅：地下鉄 South Kensington
完成：2004年
設計：Gareth Hoskins Architects

ビクトリア＆アルバート・ミュージアム建築ギャラリー

ガレス・ホスキンス率いる、グラスゴー本拠の建築会社。創造性と機能性の両立にすぐれ、病院やホスピス建設で地元に貢献する一方、マッキントッシュ・インタープリテーション・センターなど美術館改装も多く手がける。Ｖ＆Ａ建築ギャラリーの仕事は263社参加の激戦コンペで勝ち取った。先の予定として、エジンバラのロイヤル・ミュージアム改装。

ギャラリーは常設会場と特別展会場の2つから成る。こちらは常設会場のほぼ全景。さして広くないスペースに模型や資料、建築物の断片がぎっしり詰まっている

ビクトリア＆アルバート・ミュージアム（Ｖ＆Ａ）は、ファッション、生活用品から工芸品まで、人類の生み出したあらゆる分野のデザインの歴史を展示する国立博物館。大英博物館に次ぐ規模と人気を誇っている。このところ新しい館内ギャラリーを続々オープンして話題が絶えないが、中から本書と最も関係の深い建築ギャラリーをご紹介しよう。

これは、イギリスで最も権威ある建築家組織、英国王立建築学会（ＲＩＢＡ）とＶ＆Ａによる共同企画。両者合わせて世界一といわれる豊富な資料を元に、古代から現代までの建築の流れを紹介している。

英国国会議事堂（チャールズ・バリー）、香港上海銀行本店（フォスター・アンド・パートナーズ）など、さまざまな時代の建築模型。ザハ・ハディドによるドイツの科学センター内部ヴァーチャル・ツアー映像。さらに、イニゴ・ジョーンズ、クリストファー・レン、フランク・ロイド・ライトら歴史上の有名建築家の引いた設計図実物など、常設展示アイテムは150点以上に及ぶ。

天井からは細長い銀色のライト、カーテンには建築物のプリント。ガラスケース内右の模型はイーノ・ゴールドフィンガーによる60年代の高層ビル

V&A正面入口。1日がかりでも見きれない広さ。忙しくても半日は時間をとりたい

　これら建築資料の容れ物となるギャラリーをデザインしたのは、ガレス・ホスキンス・アーキテクツ。漆喰模様も華やかな19世紀の装飾的な部屋に、白とグレーのパネルを張り巡らし、ガラスのディスプレイ・ケースとスティールの設計図用引出しを配置。「クラシック」から「コンテンポラリー」へと空間の転化を図った苦心の跡がうかがえる。古い建物の多いイギリスの美術館、博物館では、すでにこの手の改装が相当数行われており、今後も増え続けることが予想される。

　オープン当時は、ここが「イギリス唯一の常設建築ギャラリー」だったが、2005年には別団体運営によるロンドン新建築展示館（New London Architecture　住所：26 Store Street London WC1　電話：020-7636-4044）も完成。こうした施設がどんどんできること自体、イギリスでいかに建築への関心が高まっているかの表われではないかと思う。

特別展会場。年間3回テーマが入れ替わる

V&A幻の新館（完成予想図）。一時期、ダニエル・リベスキンドによる大胆な新館設置計画が持ち上がったが、あえなく中止に。資金確保ができなかったのが直接の原因だが、地元の反対も強かった

SCIENCE MUSEUM WELLCOME WING

科学博物館 ウェルカム棟

Exhibition Road London SW7
0870-870-4868
www.sciencemuseum.org.uk
開館：毎日 10:00〜18:00
料金：無料
アイマックス・シネマと一部特別展は有料
最寄駅：地下鉄 South Kensington
完成：2000年
設計：MacCormac Jamieson Prichard
37ページ参照

地上階から見上げたウェルカム棟。青い窓ガラスが昼光を96パーセント遮っている

　青い光に満たされた海の底にある巨大なインダストリアル・ビル建築現場。科学博物館の新館ウェルカム棟は、そんな様相をしている。「建築現場」は4層をなしてそびえ、地上階から見上げるとなかなか壮観である。

　ミレニアムというひとつの区切りを意識したこの未来的新館の建設は、薬学財団ウェルカム・トラストを主要出資者に迎え、総工費4800万ポンドを投入して実現した大プロジェクト。この時期にイギリスで数多く行われた美術館、博物館の増改築の中でも、最大規模のものだ。

　ビクトリア時代に建てられた本館の方で壮大な科学史を展観し、新館の方で日々進歩する最先端科学技術を追う。両館の役割は、こんなふうに区別されている。

　新館ウェルカム棟の1階は特別展会場、2階はDNAで自分を知る「フー・アム・アイ？」、3階はディジタル世界を探るフロアだったが、新展示に向けて改装中、4階は未来を考えるゲーム「イン・フューチャー」。ほかにアイマックス・シネマ、シュミレーター・マシン、カフェが併設されている。

　新館全体、マシン操作をしながら自分で答えを引き出す、観客参加型の展示が多い。コンピュータの画面をタッチしたり、ゲームに参加しているうちに、自分の将来の顔の変化がわかったり、人間の恐怖症には、有名な高所恐怖症のほかに、お金恐怖症などという変わったものがある、といった知識が増えたり。これで博物館の口上どおり「遊びながら先端科学の知識が身についた」ことになるのかど

3階「ディジトポリス」と呼ばれたフロア。これら機器類は館内のどこかに残るが、フロアのディスプレイは全面入れ替え予定

発光するテーブルが並ぶ、1階の「ディープ・ブルー・カフェ」

うか。それはわからないが、ここに身を置くだけで、ダイナミックな舞台で科学と向き合った気分は堪能できる。

新館の設計は、マコーマック・ジェイミー

ソン・プリチャード社。科学を「教わるもの」でなく「ドラマチックに体感するもの」として提示した手腕はさすが。科学機器のデザインは、カッソン・マン社が手がけている。

本館の「旧来の博物館」的ディスプレイ。「近代の形成」という名のこの部屋には、近代の交通手段各種が展示されている

イモムシ型のマシンが並ぶ2階「フー・アム・アイ?」のフロア。DNAや脳の仕組みについて学び、生物としての固有の自己を探る、とテーマは何やら難しそうだが、ボタンを操作しながらすべてをゲーム感覚で楽しめる

FASHION AND TEXTILE MUSEUM
ファッション・アンド・テキスタイル・ミュージアム

メキシコ国立大学建築科卒業。1963年自社設立。色とテクスチャーに特徴のあるメキシコ建築のモダン・スタイルを確立。2000年、世界的に多大な影響力を持つ建築家に授与されるアメリカン・インスティチュート・アーキテクツ（ＡＩＡ）金賞を贈られる。代表作にメキシコのホテル・カミノ・レアル、カリフォルニアのメキシカン・ミュージアム。

83 Bermondsey Street London SE1
020-7407-8664
www.ftmlondon.org
2007年春現在、改装のため一時閉館中。
将来展示場を新装し、ファッション学院を併設して再オープン予定
最寄駅：地下鉄、ナショナル・レイル
London Bridge
完成：2003年
設計：Ricardo Legorreta

倉庫だった建物を転用した。屋上に突き出たピンクの部分は、運営資金を捻出するための賃貸フラット

　唐突に現われいでたるメキシコのモダン建築。ショッキング・ピンクとビビッド・オレンジの組み合わせが目にまぶしい。曇天の多いロンドンの、よりによってここは灰色の倉庫街である。こんなくすんだ環境の中でも、この建物は決して「浮いて」しまうことなく、不思議と愉快にフィットしている。

　ここはファッション・アンド・テキスタイル・ミュージアム。70年代から活躍を続けるデザイナー、ザンドラ・ローズが後半生をかけて開設した近代ファッションとテキスタイルの博物館だ。

　「ふだん本やメディアを通してしか接する機会のない近代ファッションの歴史を、実物として一堂に集め公開できる場所を作りたい」。この思いが、彼女の情熱の源泉だった。

　ザンドラといえば、「超」がつく派手な色使いのデザインでつとに有名。顧客にはロック・ミュージシャンや映画スターが多く、手がけたステージ衣装も数知れず。そんな彼女が設計を任せたのが、「メキシコの第一人者」から今や世界的人気建築家となったリカルド・レゴレッタだった。

　何という絶妙の顔合わせ、と感嘆せずにいられない。ザンドラのテイストを建築に置き換え、巧みにロンドンの路上にはめ込むことができる人は、そう多くはいまい。両人の色使いはよく似ているし、第一彼が外壁に使っ

入口から展示スペースへ向かう通路。きれいな石やガラスをはめ込んだ床はザンドラ自身のデザイン

1階と2階、2層に分かれた展示スペースをつなぐ黄色い階段。足元に蛍光灯が組み込まれている

たピンクとオレンジが、ザンドラの髪の色と同じだったりするのもおもしろい。

　内部は、メインの展示スペース、プリント・ワークショップ、テキスタイル・スタジオ、カフェ、ショップから構成される。明るいブルーとピンクの通路、まばゆい黄色の階

段。シャープな幾何学的ラインに沿ってあざやかに色が切り換わり、次々とドラマチックなシーンが展開する。色がこれほどあふれていながら、全体に落ち着いた調和がとれているのは、やはりレゴレッタの色使いのマジックとしか言いようがない。

ここは再開発が急速に進むバンクサイドの近く。同じストリートにお洒落なバーやレストランが増え始めている

大評判だった第1回エクジビション「私の好きなドレス」(2003〜04)。70人の有名デザイナーが「お気に入りの1点」を説明付きで展示した

SOMERSET HOUSE
サマーセット・ハウス

Strand London WC2
020-7845-4600
www.somersethouse.org.uk
開館：毎日 10:00〜18:00
料金：各ギャラリー
大人 £5.00　18歳未満　無料
（コートールド・ギャラリーのみ祝日でない月曜
の10:00〜14:00は無料）
ギャラリー 2 館　大人 £8.00
ギャラリー 3 館　大人 £12.00
中庭見学は無料（アイススケートは有料）
最寄駅：地下鉄 Temple　地下鉄、ナショナル・
レイル Charing Cross
完成：2000年
設計：Dixon Jones Limited

共に1939年生まれ、ＡＡスクール卒のジェレミー・ディクソンとエドワード・ジョーンズの建築会社。美術館・文化施設の改装に手腕を発揮。彼らなくしてイギリスの新芸術シーンの今の姿はなかったといっても過言ではないほど。手がけた館はナショナル・ギャラリー東棟、ロイヤル・オペラ・ハウス、ナショナル・ポートレート・ギャラリーなど多数。

光ファイバーを使った噴水の夜間照明

夏、大人も子供も水とたわむれ、開放感がいっぱい。同種の噴水は増えたが、規模ではここが最大級。中庭は3000人収容のコンサート会場としても利用される

冬期はアイススケート・リンクに。ロンドンのロマンチック・スポットのひとつとして人気が高い。クリスマス時期には、華やかな飾りつけも見られる

　サマーセット・ハウスは、膨大な数の美術品、財宝を内に収めた壮麗な建物。ロンドンの「宝箱」のような場所といえる。

　中には主体となるギャラリーが3つ。印象派絵画の豊富なコレクションで知られる「コートールド・ギャラリー」、金銀、装飾芸術の「ギルバート・コレクション」、エルミタージュ美術館の収蔵品の一部を移管展示する「エルミタージュ・ルームス」。これらに加え、数々の小ギャラリー、講義室、レストラン、ショップ、噴水広場が備わっている。

　建物は18世紀後期築。当時の巨匠ウィリアム・チェインバースにより設計された。長年官公庁オフィスとして使われてきたが、1997年から改修、美術館化が進められ、2000年にグランド・オープンとなった。

建物裏のテムズ河に面したリバー・テラス・カフェ。こちらは夏期のみ営業。設計は中庭と同じくディクソン・ジョーンズ

　ギャラリー部分は修復作業が主でデザイン的に新しくはないので、新建築を扱う本書では、格調高いギャラリーを脇へ置き、新設の噴水に着目してみたい。

　設計は、ディクソン・ジョーンズ社。中庭は以前駐車場として使われていたため、地面は無粋なアスファルトで固められていたが、これを剥がして55個の噴水孔を設置。アスファルトは、花崗岩の敷石に交換された。水の噴射パターンは、コンピュータ制御され、1日中微妙に変化し続ける。夜間は、建物と吹き上がる水の両方がライトアップされ、荘厳な雰囲気がかもされる。

　公園を別として、ロンドンの都心には最近まで公共噴水が意外と少なかった。よく知られているのは、トラファルガー広場とピカデリー・サーカスにあるものくらいだろうか。ごてごての彫刻で飾られたこれら19世紀の歴史的噴水と比べて、サマーセット・ハウスの現代噴水は、すっきりした幾何学的デザインが特徴だ。

　「最近まで少なかった」と書いたのは、ここの噴水設置をきっかけに、ロンドンで一大噴水ブームが巻き起こったからだ。今ではあちこちの街角、広場に同種の噴水ができ、道行く人々の目を楽しませている。

WALLACE COLLECTION
ウォレス・コレクション

Hertford House Manchester
Square London W1
020-7563-9500
www.wallacecollection.org
開館：毎日 10:00～17:00
料金：無料（寄付歓迎）
最寄駅：地下鉄 Bond Street
完成：2000年
設計：Rick Mather Architects

代表のリック・メザーはアメリカ生まれ。学生時代に渡英し、ＡＡスクールでアーバン・デザインを学ぶ。1973年、ロンドンに建築会社設立。住宅、教育施設、オフィス、店舗の建築を万遍なくこなすが、とりわけ既存の文化施設の歴史を尊重した改装作業で高い評価を得る。改装の代表作は、ウォレス・コレクションのほかダリッチ美術館、国立海事博物館。

1階と地下を結ぶ左右対称の階段。ピンクや赤を多用した館内は、ソフトなムード

　ウォレス・コレクションの華麗な建物は、都心とは思えない緑濃く静かな一角に、貴婦人然とした様子でたたずんでいる。18世紀後半の建築。代々貴族の所有になり、内部に

は18世紀から19世紀にかけての4世代にわたるハートフォード侯爵が収集した膨大な数の美術品が収蔵されている。

　この家系はなぜかフランスびいきが多く、

地下の新ギャラリー。造りはモダンだが、壁の色を旧来のギャラリーと統一して、新旧違和感のない連続性を持たせている

植物に囲まれた中庭レストラン、ザ・ウォレス。料理はもちろんフレンチ

コレクションの中心も18、19世紀のフランス美術とフランス家具。1897年に侯爵家の後裔から屋敷が中身ごと国に寄贈され、その3年後から一般公開が始まった。

それから100年。ミレニアムの到来直前に、この館にとって念願だった建物大改造が決定した。実は、ここの保管庫にはまだ大量の美術品が眠ったままになっていた。1階と2階合わせて20以上の展示室があるが、それでも不十分。ギャラリーを新設し、できるだけたくさんのアイテムを展示したい、これがキューレーターたちの夢だったのだ。

ギャラリー新設。簡単に聞こえるが、建築家リック・メザーにとって、これはミッション・インポッシブルに近かった。屋敷が敷地ぎりぎりまで建っていて、土地にまったくゆとりなし。彼が引き出した唯一の解決法は、地下にスペースを広げることだった。このような古い建物にダメージを与えずに地階を造るには、アンダーピニングという方法で建物全体を支える土台を作り、細心の注意を払って工事を進めなければならず、その苦労は並

大抵ではなかったようだ。

かくして地下に新ギャラリー、講義室、図書室など計8つもの新施設が誕生した。メザーの改造でもうひとつ忘れてならないのが、中庭をガラスの屋根で覆ってできたレストラン。小粋な温室風スペースだ。

工事が大規模だったわりに、仕上がりは実に自然でさりげない。メザーは館内を広く新しくしながらも、元の建物の在りようを最大限尊重している。自己主張しすぎない個性の勝利、といえようか。

「フロント・ステイト・ルーム」と呼ばれる旧来のギャラリーのひとつ

SERPENTINE GALLERY SUMMER PAVILION

サーペンタイン・ギャラリー サマー・パヴィリオン

Kensington Gardens London W2
020-7402-6075
www.serpentinegallery.org
開館：ギャラリー　毎日 10:00～18:00
サマー・パヴィリオン　6月頃～9月頃
（時期は毎年多少異なるので事前に確認を）
料金：無料
最寄駅：地下鉄 Knightsbridge/ South Kensington/ Lancaster Gate
設置：2000年～
設計：Zaha Hadid/ Daniel Libeskind with Arup/ Toyo Ito with Cecil Balmond - Arup/Oscar Niemeyer/ Alvaro Siza and Eduardo Souto de Moura with Cecil Balmond - Arup/ Rem Koolhaas and Cecil Balmond with Arup/ Olafur Eliasson and Kjetil Thorsen with Arup

第1回ザハ・ハディド（2000年）。ドイツの科学センター設計で国際的認知度を上げたイラク出身の女性建築家。三角形の平面で構成された幾何学的キャノピーの内部には傾いたテーブル群が置かれ、波打つ屋根と相まって特有のムーヴメントある空間が形成された

第2回ダニエル・リベスキンド（2001年）。同年にベルリンのユダヤ博物館を完成させ注目高まる中、アメリカから参加。彼のパヴィリオンは、独特のねじれかしいだ形状の構築物。アルミの外壁が、公園やギャラリーを現実とやや異なったふうに映し出して見せた

第4回オスカー・ニーマイヤー（2003年）。100歳近い高齢ながら現役で活躍するブラジルの巨匠。スケッチのペンの勢いそのままといった輪郭が印象的。彼がブラジリア市に築いた未来的建築群の途方もないデザインと比べ、こちらは公園を意識してか牧歌的な造り

第3回伊東豊雄（2002年）。2006年にＲＩＢＡロイヤル・ゴールドメダルを贈られ、イギリスでも評価の高い伊東作品は、透明・不透明の三角形・不規則角形が連なる複雑にして軽やかな箱型。内部で陽光が踊り、「マジカルな夏のパヴィリオン」との評も得た

第5回アルヴァロ・シザ（2005年）。ポルトガルの大御所が打ち出した実験精神たっぷりの作品。厚板を組み合わせた格子を骨格に、天井にはポリカーボネート、床にはグレーのブリック。非対称、歪んだカーブの茶色い動物のような姿から、アルマジロの愛称がついた

第6回レム・コールハース（2006年）。プラダ・ショップなど先鋭的作風でおなじみオランダの精鋭。ロンドンの曇り空の中へ今にも飛び立ちそうな気球型ドーム。夜は内側から照明が灯る。円形空間内にはＤＪブースも設置され、夏中多様なイベントに活用された

第7回オラファー・エリアソンとカイテル・トールセン（2007年）。環境と人間をテーマに大規模なインスタレーションを展開するデンマークの人気アーティスト、エリアソンと、北欧を代表する建築家トールセンという豪華顔合わせによるコラボレーション

サーペンタイン・ギャラリーは、広大な公園ケンジントン・ガーデンズの中にある現代美術館。毎年夏になると、このギャラリーの前に一風変わった建築物が設営される。これはギャラリー主催の建築イベントで、毎年注目の建築家を招待し、夏季限定オープンのパヴィリオン建設を依頼するもの。

人選の条件はひとつ。「気鋭の建築家でありながら、イギリスに完成した建築作品を持たない人」。ということで、ここは建築家にとってはショーケース、一般市民にとっては先端建築との出会いの場となっている。

2000年のザハ・ハディドを皮切りに、以後エキサイティングな顔ぶれが出そろっている。2004年が抜けているのは、招待建築家がオランダのＭＶＲＤＶに決定したものの、企画が過激すぎて中止になったため。2007年は、ノルウェーの建築家カイテル・トールセンとデンマークのアーティスト、オラファー・エリアソン の共作となる。

ギャラリーの企画ディレクターは、この試みを「建築家の夢の直接的発露となりうる場」と表現する。外気が遮断されていなかったり、太陽光を素材にして遊んだり、確かにここでは、建築家たちが恒久建築の制約から解き放たれて、夏の仮設建築ならではの自由を謳歌し、創造の翼を羽ばたかせているのが見てとれる。

パヴィリオンは「鑑賞される」のではなく、昼はカフェ、夜は映画会や講演会の会場としてしっかり「使われる」のが特徴。見る側も積極的に参加して、秋には消えてしまう「真夏の夜の夢建築」の非現実ぶりを存分に楽しみたい。

ギャラリー本体の方もジョン・ミラー社により1998年に改装されたすばらしい建物。こちらに立ち寄るのもお忘れなく。

GEFFRYE MUSEUM
20TH CENTURY GALLERIES

136 Kingsland Road London E2
020-7739-9893
www.geffrye-museum.org.uk
開館：火曜〜土曜　10:00〜17:00
日曜、祝日　12:00〜17:00
庭園は4月〜10月の間のみオープン
料金：無料
最寄駅：地下鉄、ナショナル・レイ
ル Liverpool Street から149番か242
番のバス
完成：1998年
設計：Branson Coates Architecture

ジェフリー・ミュージアム
20世紀ギャラリー

1985年以来パートナーを組むダグ・ブランソンとナイジェル・コーツ
の建築会社。ブランソンがマネージメント、コーツが設計を担当。コー
ツは80〜90年代東京における一連のカフェバー・デザインでもおなじ
み。シェフィールドのポピュラー・ミュージック博物館、ジグソー・ナ
イツブリッジ店など、英国的エキセントリックな作品を作り続ける。

新館「20世紀ギャラリー」のハイライト、ガラスとメタルの螺旋階段

　美しい木立ちに囲まれた、18世紀の細長
い建物。お菓子のチョコレート・ブラウニー
を薄くスライスして、アイシング・シュガー
の窓枠をはめ込んだような、かわいらしい外
観をしている。ここはイギリス人の間で大変
に人気の高いインテリア博物館、ジェフリ

2層構造の新館の上階。本館建物の落ち着いた雰囲気に配慮して、設計者のナイジェル・コーツは日頃の過激なデザインをやや抑えたといわれている

新館にしつらえられた20世紀以降の居間。手前から「90年代ロフト・スタイル」「ミッド・センチュリーのモダニズム」「30年代のフラット」。写真では見えないが、この奥に「エドワード王朝期アーツ＆クラフツの部屋」がある

ー・ミュージアム。館内には「英国の居間の見本」が年代順に、全12室展示されている。見かけは「お菓子の家」ながら、構造はダイナミックだ。

居間の時代レンジは、エリザベス1世朝の1580年代から現代まで。館内を一巡すれば、17世紀の重々しいジャコビアン様式から、最新のロフト・スタイルまで、英国の居間の変遷を一望できる仕組みになっている。

ブランソン・コーツ社設計の新館「20世紀ギャラリー」は、建物の裏側に隠れるように付設されているため、正面からはまったく見えない。それだけに本館を端まで歩ききった時、いきなりこの超モダンな新館と対面する驚きは大きい。天井からの自然光と人工照明を受けて、ガラスとメタルがきらめく曲線空間は、宇宙船の内部か何かを思わせる。

新館には12の居間のうち、20世紀以降の4室が入っているほか、ショップ、レストラン、予備室、ワークショップや特別展のためのスペースが設けられている。予備室はいずれ第13室、第14室と、未来の居間で埋められていくのだろう。

新館増設と時を同じくして、庭にも居間と呼応する時代別庭園が造られた。低木の植え込みを幾何学模様に刈り込んだ17世紀の「ノット庭園」やビクトリア時代の「毛氈花壇」など、歴史的造園様式が再現されているのだ。

初夏の早朝、花壇の中の木製ベンチで読書する人あり、未来の温室といった風情のレストランで、自宅のインテリア戦略を練る人あり。地元の人は、この博物館を実に上手に使いこなしている。

本館の裏側に隠れるように付設された新館

ジェフリー・ミュージアム全景

JERWOOD SPACE
ジャーウッド・スペース

171 Union Street London SE1
020-7654-0171
www.jerwoodspace.co.uk
開館：ギャラリー
毎日　10:00～17:00（金曜、土曜～15:00）
料金：ギャラリーは無料
最寄駅：地下鉄 Southwark/ Borough
完成：1998年
改装：Paxton Locher

リチャード・パクストンとハイディ・ロシャーを中心とする建築会社。代表作はジャーウッド・スペースと、その2年後に完成したソーホー・シアター。若く経験の浅い会社でありながら、両方の建物とも親しみやすさのあるモダンなデザインと機能性とで評判になった。現在パートナーシップは解消され、パクストンが個人会社を率いて活動している。

ギャラリー。学校時代、ここは自転車置き場だった

　テイト・モダンの裏手にある、ギャラリーとカフェ。サイズは小さいが、イギリスの新しいアートに触れ、お茶して一休みするのにちょうどよい便利な場所だ。だが、実はここはそれだけではない。人知れずイギリス文化に多大な貢献をする「アートのための縁の下の力持ち」的スペースでもあるのだ。

　ジャーウッドの名前は、ジョン・マイケル・ジャーウッドから来ている。裕福な真珠商だったこの人は、自分の富を若いアーティストの養成に役立てたいと、1977年にジャーウッド財団を設立。この基金を元にジャーウッド・スペースの開設が実現した。

　一般の人が入れるのは、ギャラリーとカフェだけだが、その奥と上階に7つのリハーサル・スタジオがあり、劇団、ダンス・カンパニー、ミュージシャンに貸し出されている。使用料はアーティスト本位の格安設定。新人にはさらに割引特典もあって、スタジオは常に予約で一杯。ウェスト・エンドで人気の大劇団から無名のダンサーまで、さまざまなアーティストがここで練習を積んでいる。

スタジオ。ウェスト・エンドの人気ミュージカル「ラ
イオン・キング」のリハーサルもここジャーウッドで
行われた

右がカフェの入口、左がグラスハウス。建物全体、光
の採り入れ方に工夫がある

美術の分野でも、絵画、写真、彫刻、素描
の新人賞が設けられ、ギャラリーでは各賞の
受賞作品を中心とした展覧会が行われてい
る。

ビクトリア時代の学校だった建物を改装し
たのは、パクストン・ロシャー社。この会社
はジャーウッドの前後に、コンテンポラリー
な高級住宅建設と大劇場ソーホー・シアター
の改造とを手がけており、ジャーウッドには
前者のお洒落感覚と後者の「創造の場に必要

な実用性」がバランスよく配分されている。

基本部分の改装後も、このスペースはさら
に増殖中。サテライト・デザイン・ワークショ
ップ社によりガラス張りの多目的スペー
ス、グラスハウスが付け足され、マンケンベ
ック+マーシャル社による大小スタジオ、オ
ーディション・ルームの増設も進行中で、こ
ちらも2007年中にはオープン予定。こうし
た施設の需要の高まりに、現代イギリス文化
の充実ぶりが見てとれる。

グラスハウス。多目的スペースとして、パフォーマン
ス、パーティ、展示会、結婚式などにも利用される

外壁も展示スペースとして活用

WHITE CUBE
ホワイト・キューブ

48 Hoxton Square London N1
020-7930-5373
www.whitecube.com
開館：火曜〜土曜　10:00〜18:00
（展示入れ替え期間は休館）
料金：無料
最寄駅：地下鉄、ナショナル・レイル Old Street
完成：2000年
設計：MRJ Rundell + Associates

マイク・ランドゥルを代表とするロンドンの建築会社。ホワイト・キューブ以前にも、デミアン・ハーストがデザインした「見かけがまるで薬局」のレストラン、ファーマシー（2003年に閉店）を手がけて話題に。他にステラ・マッカートニーの別荘やハーストが作品展示用に購入したマナーハウスの改装など、アーティスト、デザイナーとの仕事が多い。2006年にはホワイト・キューブの2軒目を完成させた。

元工場だったビル。隣りには今も古い倉庫が残る。テイト・モダンなどにも見られるインダストリアル・ビルの文化施設への転用は、産業革命の国から文化輸出国へ、というイギリスの産業構造の変化を象徴している

　近年、ロンドンで最も「ハプニングなエリア」といわれている北東ロンドン、ホクストン。アーティストのスタジオが密集し、ファンキーなバーやギャラリー、アートとファッションの境目のないブティックなどがひしめき合う。それでいて、全体が均一にお洒落になってしまったのではなく、昔ながらの商店や打ち捨てられた倉庫なども混在し、固まりきらないマグマのような、発展途上のエネルギーに満ちている。

ガラスの箱の中のギャラリー。通常展覧会はレンガの
ビル内で行われ、ここはまれに開放されるのみ

ギャラリーはまさに「白い立方体」。照明は天井にはめ
込まれたライト・ボックス。ＹＢＡに限らず、ここで
は世界中のカッティング・エッジな作品が紹介される

　そんなホクストンの芸術的活況の核をなし
ているのが、このギャラリー、ホワイト・キ
ューブ。オーナーの美術商ジェイ・ジョプリ
ングは、ＹＢＡ（ヤング・ブリティッシュ・
アーティスツ）と呼ばれる一団の過激分子の
パトロン的役割を果している人。デミアン・
ハースト、トレーシー・エミン、ギャヴィ
ン・タークなど、ここを足がかりに巣立って
いったアーティストは、数知れない。
　ホクストン・スクエアという広場の南側に
建つこのギャラリーは、昔工場だったレンガ
のビルを改造したもの。初めはレンガ部分だ
けだったが、オープンから２年後の２００２年
に、上方に巨大なガラスの箱が追加された。
　陽光を求めてビルの屋上にガラスのフロア
を設置する例はよく見るが、基礎のビルとさ
して変わらぬサイズのガラスの直方体をどん
と重ねてしまう、こんな大胆な造りはちょっ
と珍しい。ガラスの王冠をかぶったようなこ
のユニークなビルは、今ではすっかりホクス
トンの顔となっている。
　内部は、レンガのビル内に２層のギャラリ

ー。上方のガラス部分は、一部特設ギャラリ
ーとして使われるほかはオフィスと会議室に
なっている。ギャラリーは、まさに名前の通
り「白い立方体」。コンクリートの床に白い
壁、飾り気のないベンチが置かれただけのミ
ニマルなスペースだ。
　設計はマイク・ランドゥル。アーティスト
からのコミッションも多い、アート界からの
信望厚い建築家である。

２００６年にオープンした同じ建築家の設計によ
る２軒目のホワイト・キューブ。こちらもガラ
スの箱が乗ったユニークな外観。住所：25-26
Mason's Yard Londn SW1　電話：020-
7930-5373

BRITISH AIRWAYS LONDON EYE

英国航空ロンドン・アイ

建築家夫妻デイヴィッド・マークスとジュリア・バーフィールドの会社。代表作は50以上もの賞を獲得したこのロンドン・アイほか、リバプール・ウォータースポーツ・センター、新ウェンブリー・スタジアムとウェンブリー・スタジアム駅を結ぶ歩道橋、テムズに浮かぶ未来的埠頭テイト・ピアーなど。高層ビル建設にも意欲的で、現在新設計プランを売込み中。

Jubilee Gardens South Bank London SE1
0870-5000-600
www.londoneye.com
開館：毎日
6〜9月　10:00〜21:00
10月〜5月　10:00〜20:00
（1月中の数日間、定期点検のため閉鎖。悪天候の日も臨時閉鎖の可能性）
料金：大人（16歳以上）£14.50
子供（5〜15歳）£7.25
4歳以下　無料
最寄駅：地下鉄 Westminster　地下鉄、ナショナル・レイル Waterloo
完成：2000年
設計：Marks Barfield Architects

カプセルはフランスのケーブルカー製造会社の作。風に対して最も抵抗の少ない卵形をしている。大車輪の回転に合わせて、カプセルも少しずつ回って内部の水平が保たれる仕組み

　白銀に輝く鋼鉄製の大車輪。このカプセル・タイプの大観覧車は、ロンドンの空を確実に未来色に染めた。

　ミレニアム・プロジェクトの中でもとりわけ人気の高い英国航空ロンドン・アイは、今やイギリスを代表するツーリスト・アトラクションとなっている。実はアイがお気に入りなのは、ツーリストだけでなく地元住民も同じ。ミレニアムの一時期、「ロンドン・アイにもう乗った？」が、あいさつ代わりになったことがある。

　こうした建造物は、自治体や企業が企画して、建築家に仕事を発注するのが普通だが、ロンドン・アイは建築家自身が発案者だった点でユニークだ。つまり、これはデイヴィッド・マークスとジュリア・バーフィールドという建築家夫妻の夢の所産なのである。

　「発想の元はいたって単純。誰だって、地球を、街を、高いところから眺めてみたい、それも美しくスケール感のある建造物の上か

眺望だけでなく観覧車そのものの機械美も鑑賞したい

全面ガラスなので、気持ちがいいばかりの見晴らしのよさ

ら。そういう思いがあるでしょう」（ジュリア）

　実現はむろん単純とはいかなかった。彼らは設計以外にも、用地探し、建築許可取得を自分たちでこなし、英国航空をパートナーにつけ、最終的にヨーロッパ5ヵ国の企業と数百人の人員を巻き込んで、困難視されていた夢のハイテク観覧車の完成にこぎつけた。

　車輪の直径135メートルは、観覧車として世界一大きなサイズ。その外周に32個の観覧カプセルが据え付けられ、秒速26センチという超低速で回転している。1個のカプセルの定員は25人。1回転に要する時間は約30分。極限まで細くミニマル化した構造は、2100トンという総重量にもかかわらず、頼りないほどエレガントに見える。

　晴れた日には、カプセルから40キロ四方が見渡せるという。ガーキン（12ページ）、モア・ロンドン（26ページ）、バタシー発電所……。30分間、心ゆくまでビル・ウォッチングをどうぞ。

Ａフレームと呼ばれる支柱がテムズの川面にせり出すように伸び、カプセル付き大車輪がそれに取り付けられている。

年間乗客数350万人。当初5年限定運転の予定だったが、あまりの人気に当面期限延長が続きそう

ROYAL OPERA HOUSE
ロイヤル・オペラ・ハウス

Bow Street London WC2
020-7304-4000
www.royalopera.org
開館：一般への建物開放
月曜〜土曜　10:00〜15:00
料金：バックステージ・ツアー　月曜〜
土曜　大人£9.00　学生£7.00（8歳未
満の子供は参加不可。要予約）
公演についてはウェブサイトでチェックを
最寄駅：地下鉄 Covent Garden
完成：1999年
改装：Dixon Jones Limited
60ページ参照

宵闇に花のように美しく浮かび上がるフローラル・ホール。同じビクトリア時代の建築物クリスタル・パレス（1851
年の第1回万国博覧会会場。1936年に焼失）のデザインから強い影響を受けたといわれている

ロイヤル・オペラ・ハウスの新装オープン
は、まさにオペラ座自体が演じた華麗なる再
生劇といった感じだった。修復されたビクト
リア時代のファサードは真っ白な輝きを取り
戻し、金箔を塗り直した劇場も、ぴかぴかに
なって甦った。入口ホールやエスカレーター
のモダンなデザインは、由緒ある建物に新風
を吹き込んでいる。

ここはロイヤル・オペラ／バレエの本拠
地。劇場街コヴェント・ガーデンの真ん中、
有名なマーケット、コヴェント・ガーデン・
ピアザの隣という位置にある。現在のオペ
ラ・ハウスは2度の火災の後、1858年にエ
ドワード・ミドルトン・バリー（英国国会議

事堂の設計で有名なチャールズ・バリーの三
男）が建てた3番目の建物を基礎にしている。

1996年から2年半に及んだ大改装を手が
けたのは、劇場、美術館改装のスペシャリス
ト、ディクソン・ジョーンズ社。設計図を引
いたジェレミー・ディクソンは、この物件の
あまりの広さ、新旧建物が絡まりあうあまり
の複雑さを「まるで都市計画の縮小版のよう
だった」と述懐する。

こんなふうなので、全館案内はとても無理
だが、一般開放されているエリアでぜひ押さ
えておきたい3ヵ所をご紹介しておこう。

第一に、ビクトリア時代特有の鉄とガラス
の繊細な建築が美しいファサードの内側にあ

フローラル・ホール内部。片面がガラス張りになって
いる。ロビーとして使われ、幕間には着飾った人々で
あふれ返る

修復されたビクトリア時代の劇場。2262人収容

たるフローラル・ホール。第二に、ホール脇
に新設されたエスカレーター。優美なガラス
使い、透けて見える歯車といったソフトなハ
イテク感が、いにしえのホールにモダンな感
覚を付与している。第三に、上階のカフェ／
レストラン。テラス席からは庭を、屋内席か
らはフローラル・ホールをゆったりと眺め下
ろすことができる。
　表面をなぞるだけでは物足りない方には、
バックステージ・ツアーがおすすめ。劇場
（リハーサルなどの都合で入れないことも）、
衣装製作室、増設されたバレエ・スタジオ、

大道具置き場など、ふだん立ち入れないオペ
ラ・ハウスの舞台裏をガイドの説明付きで見
学することができる。

館内そこかしこにあるステージ写真や歴史的衣装など
の展示もお見逃しなく

フローラル・ホール脇に新設されたエスカレーター。
同時期にディクソン・ジョーンズが改装を手がけたナ
ショナル・ポートレート・ギャラリーにも、似た構造
のエスカレーター・スペースが見られる

HAMPSTEAD THEATRE
ハムステッド・シアター

ラブとデニースのベネッツ夫妻を中心に1987年に設立された建築会社。ロンドンとエジンバラに事務所を構える。エジンバラのブリティッシュ・テレコム、ヒースロー・ワールド・ビジネス・センターなど機能的かつエレガントなオフィスを設計する一方、天文台、大学のような文化・教育施設の建築／改装、都市再開発プロジェクトにも取り組む。

Eton Avenue London NW3
020-7449-4200
www.hampsteadtheatre.com
営業時間：カフェ／レストラン
月曜〜土曜　10:00〜22:30
公演についてはウェブサイトでチェックを
最寄駅：地下鉄 Swiss Cottage
完成：2003年
設計：Bennetts Associates Architects

外から見ても、シェルを内包した変わった構造は想像できない。建物は2003年にＲＩＢＡ賞を受賞した

とても不思議な建物だ。正面はガラス張りで、それに南欧風木製シャッターが取り付けられており、ここが劇場と知らなければ、お洒落なレストランかと勘違いしてしまいそうだ。中に入ると、1階は本当にカフェ／レストラン。勘違いしたままでもすまされそうだが、この建物にはただのレストランとは明らかに違う特徴がひとつある。

それは、地下から2階にかけての空間を大きく占有する銀色の卵形シェルの存在だ。巨大な卵を内側に抱えたガラスの箱。この建物は、そんな構造をしている。

卵の中身は、客席と舞台のある劇場部分。

外側のメタリックな冷たさとは反対に、内側は真っ赤な座席と木造りのバルコニー、と色使いが暖かい。最大325人収容。上演作品の内容に応じて、舞台の形を変えたり座席数を増減させたりできるハイテク装置も備えられている。

この劇場部分とカフェ／レストランのほかに、小パフォーマンス場、ワークショップ、リハーサル室、楽屋、衣装部屋、機材室、オフィス、チケット売り場などが、さして広くない建物の中に効率よく収まっている。

ここは劇団ハムステッド・シアター所有の劇場。60年代に結成されたこの劇団は、何

地下で見るシェル。足を伸ばして「着地」している

一般人も利用できる1階のカフェ／レストラン。右が
卵形劇場のシェル。威圧的な存在感がある

と40年以上も仮設プレハブ劇場で芝居を上
演し続けてきたツワ者たちだ。劇場建設は、
彼らにとって大きな飛躍だった。劇団の女性
監督は「前の劇場にあった一体感を維持しつ
つ、演劇的実験が可能で、しかも心地よい場
所を求めていた」と言う。

　彼女の望みどおりのエキサイティングな劇
場を完成させたのが、ベネッツ・アソシエイ
ツ社。「アーキテクツ・ジャーナル」という
業界誌は、「オフィス建設で知られるベネッ
ツがこんなにすばらしい劇場を作ってしまっ
たら、劇場スペシャリストたちの立つ瀬がな
いではないか」と、ユーモラスな賛辞を送っ
ている。

卵形シェルの内側はこんな劇場

地下ロビー壁面の照明インスタレーション。光がゆっ
くりと色を変え続ける。建物外壁にも照明アーティス
ト、マーティン・リッチマンによるユニークな明りが
組み込まれており、夜になるとビル全体が美しく発光
する

ALMEIDA THEATRE
アルメイダ・シアター

Almeida Street London N1
020-7359-4404
www.almeida.co.uk
営業時間：カフェバー
月曜〜土曜　11:30〜23:00（公演の
有無により変更も）
公演についてはウェブサイトでチェックを
最寄駅：地下鉄、ナショナル・レイル
Highbury & Islington　地下鉄 Angel
完成：2003年
改装：Burrell Foley Fischer

社名の3人の建築家により設立されたロンドンの会社。都市再開発プロジェクトと、古建築物の歴史を尊重したモダナイゼーションに力を発揮する。前者の代表作が、ロンドンの荒廃エリアに建設した集合住宅エンジェル・タウン。地域コミュニティを確立した功績で多数の賞を受賞した。後者の代表作がアルメイダ、ロイヤル・ソサエティの改装。

ロビー。新設されたスロープは、大道具搬入の際には手摺りを取り外せるほか、舞台のようにせり上がったりもするハイテク仕掛け

アルメイダ・シアターは、ロンドンの劇場街ウェスト・エンドからやや離れたイズリントンにある小劇場。舞台は小ぶりで、座席数も300強とこぢんまりしている。しかし、作品の質の高さには定評があり、常連客が多い上、特に改装後は「お洒落なカルチャー空間」として若い層をも惹きつけている。

建築的に見て特異な点は、ここが元々劇場として造られた建物ではないということ。

1837年に建てられた時の用途は、「学会の講堂」だった。1970年代後半、「劇場に使えそうな場所」として劇団アルメイダの創始者の目にとまり、劇場に転用されて80年にオープンとなった。講堂時代からほとんど

ロビー隅にあるチケット売り場。この白とグレーがロビー全体の基調になっている

吹きさらしだった場所が、ガラスの屋根に覆われ、明るいロビーに変身した

変わっていないといわれる、珍しいレンガの円形劇場は、この建物最大の個性をなし、アルメイダの呼び物ともなっている。

　2001年から2年かけて行われた改装は、過去の増改築でまとまりを欠いた建物の整理と、劇場機能のグレードアップが目的だった。手がけたのは、バレル・フォーリー・フィッシャー社。一番の大改革は、まともな屋根のなかった入口部分をガラスの屋根で覆い、立派なロビーに仕立てたこと。2番目は、カフェバーの拡張。3番目は、全体の化粧直し。白く輝く開放感のあるモダンな劇場へと、アルメイダは生まれ変わった。

　これ以外はすべて、劇場機能面の改良だ。照明、音響、空調設備の改善、楽屋の増設、道具部屋の新設、劇場の椅子の新調などなど。忘れてならないのが、狭いのに頑張ったバリアフリー化。車椅子の観客、役者に配慮し、ロビーと楽屋のひとつにそれぞれスロープが設けられた。

　目立つお洒落と目立たないお洒落の両方をすませたアルメイダ。目立たない方は知らないと見過ごしてしまうが、実は目立つ方より重要だったりするので、劇場を訪れたなら、目を凝らして「目立たぬ新装」にも注目してあげたい。

客席がすぐそばまで迫ってくる小さな舞台。アルメイダは、ハリウッド・スターが「ロンドン演劇修業」にやってくる場所としても有名で、レイフ・ファインズやケヴィン・スペイシーもこの舞台を踏んでいる

左がカフェバー、右が正面入口。近くにはコンラン系レストラン「アルメイダ」やおいしいカフェ「オットレンギ」、アッパー・ストリートのショッピング街があり、散策にもうってつけ

LABAN
ラバン

Creekside London SE8
020-8691-8600
www.laban.org
開館：カフェ　月曜〜金曜　9:00〜17:00
料金：館内ツアー（毎週木曜）£10.00
公演についてはウェブサイトでチェックを
最寄駅：DLR Cutty Sark　ナショナル・レイル
Greenwich/ Deptford
完成：2003年
設計：Herzog & de Meuron
48ページ参照

建物はほぼ台形で、平行した2辺の短い方が内側にややカーブしている。長さ80×奥行き40×高さ14メートル。完成年にRIBAスターリング賞受賞

　グリニッジのテムズ傍流脇に見える印象的な半透明のビル。蜻蛉の薄い羽のようにはかなげで、背景の青い空にふわっと溶け入ってしまいそうだ。

　ビルの所有者は、ラバンという名のコンテンポラリー・ダンス・スクール。ヘルツォーク＆ド・ムーロンが、テイト・モダンの次にロンドンで手がけたプロジェクトとしても、ここは有名だ。

　不思議に茫漠としたイメージを形成しているのは、外壁に使われたポリカーボネート素材。透過光の柔かい、細いライン入りの樹脂で、ところどころに淡いトーンでマゼンタ、ライム、ターコイズの3色が塗布されている。

　昼ははかなげな美しさを呈し、夜になると内側からの光でダンサーたちのシルエットを壁に投射して、建物自ら生きた劇場となる。

　中へ入ると、若いダンサーの卵たちがきびきびと行き交い、外観の繊細さとは対照的な活気に満ちている。内部は300席の劇場を中心に、13のスタジオ、ジム、図書館、ロビー、カフェなどから成っている。

　デザインの最大のテーマは「ムーヴメント」。ダンサーたちの動きとリズムを建物で表現しようという試みである。たとえば、ロビー。通路との間にある高さ1メートルばかりの仕切りはゆるやかな曲線を描き、それに取り付けられた手すりも微妙に曲がりくねっ

ダンサーたちの動きを表わす有機的曲線でできたロビー。中央の黒い螺旋は階段

シアター。ラバンはヨーロッパからの亡命ダンサー、ルドルフ・ラバンによって1948年に設立されたコンテンポラリー・ダンス・スクール。現在はこの分野でイギリスをリードする存在。約35ヵ国からの400人が学ぶ

ている。階段は螺旋形で不規則にねじれ、壁の絵にも動きがある。室内の壁は外壁と呼応する3色で塗り分けられ、こんなところにもある種のリズムが生まれている。

　もうひとつのテーマは「コミュニケーション」。世界中から集まった生徒たちの間で、コミュニケートがうまく取れるようにと、広めのロビー、大きなベンチ、陽光注ぐガラス

のカフェ、中庭が用意され、中にいると、実際あらゆる方向からにぎやかな話し声が聞こえてくる。

　さて、ビル内へのアクセスだが、通常一般の来訪客はカフェにしか入れない。そこから先へ入るには、公演を観にいくか、毎週木曜に行われる館内ツアーに参加するか。どちらも、ウェブサイトで事前に情報確認を。

3色に塗り分けられた校内。トーンは違うが外壁の色と呼応している

野外劇場も兼ねた広い芝生の前庭。写真からは想像がつかないが、建物裏側には犯罪の多い荒廃地帯が広がる。イギリスには、すさんだエリアにはまず文化施設の投入を、の考え方があるが、ラバンも存在そのもので再開発の気運を盛り上げ、また地元民のためのダンス教室開催などで、地域文化の活性化に具体的に取り組んでいる

BFI LONDON IMAX CINEMA
BFI ロンドン・
アイマックス・シネマ

1 Charlie Chaplin Walk London SE1
0870-787-2525
www.bfi.org.uk/whaton/imax
開館：毎日
料金：大人　£8.50
子供（4〜14歳）£5.00　3歳以下　無料
（ロードショーなどは上記に特別料金加算）
最寄駅：地下鉄、ナショナル・レイル
Waterloo
完成：1999年
設計：Avery Associates Architects

ブライアン・エイブリーを代表とするロンドンの建築会社。教育・芸術分野での活躍が目立つ。アイマックスのほかにもナショナル・フィルム・シアター改装にたずさわり、映画館設計ではイギリスをリードする存在。王立演劇学校（RADA）の劇場新設を含む改装では、8つの賞を受賞した。最近では、ロンドン交通博物館全面改装を手がけて話題に。

交通量の多い環状道路に囲まれた孤島のような場所に建つ。入口へのアクセスは地下道から

　内壁を壁画で飾り、外側をガラスで囲った建物は、それ自体「絵画の入った円筒形立体額縁」の趣き。壁画は美術作品だったり（上の写真は画家ハワード・ホジキンの作品）、映画関連のビジュアルだったり。このようにアイマックスは、近隣のロイヤル・フェスティバル・ホールやヘイワード・ギャラリーなどと共に「サウス・バンク文化地帯」の一角を形成するにふさわしい、まことに文化的な風貌をしている。

　この円筒形建物内部の大半を占めるのは、もちろん劇場部分。「3D映画も70ミリ映画も観られる巨大スクリーンのアイマックス」は日本でもおなじみだと思うが、ロンドンの仕様は、スクリーン・サイズ20×26メートル（英国最大）、11,600ワットのディジタル・サラウンド・サウンド・システム、座席数477。客席は急勾配をなして設置され、一切の障害なしに迫力の画面を堪能できるようになっている。

　交通量の多い環状道路に囲まれ、南側に鉄道、真下に地下鉄という環境的悪条件にもか

急勾配の客席と巨大スクリーン。スクリーン・サイズをイギリス的にたとえるなら「ダブルデッカー・バス5台分の高さ」となる

非公開だが、撮影のため特別許可を得て入ったガラス・ギャラリー。外壁をなすガラスと壁画に挟まれた回廊部分

かわらず、中に入ると現実から引き離されたような静けさ。それはもちろん、しっかりした防音・防振対策がとられているためだ。

　液体クッションを仕込んだ地下の土台が振動をやわらげ、壁画のある内壁とガラスの2つの円筒が、二重防音壁の役目を果しているのだ。

　カラー照明でライトアップされた夜間の姿もまた美しい。アイマックスが、一昔前まで犯罪が多発していたこのエリアにもたらした文化的インパクトは、社会的にも大きい。設計者のエイヴリー・アソシエイツ・アーキテクツは、この建物だけで、シヴィック・トラスト賞など計7つもの賞を受賞している。

チケット売り場とロビー。この奥にカフェがある

細部にほどよい装飾が凝らされた館内

APOLLO WEST END
アポロ・ウェスト・エンド

19 Regent Street London SW1
0871-220-6000
www.apollocinemas.co.uk
料金：17:00前 £8.50／17:00以降
£12.50
最寄駅：地下鉄 Piccadilly Circus
完成：2004年
内装：Blueprint Interior Design

イギリス北部ニューカッスルのインテリア・デザイン会社。バー、クラブ、レストランなどトレンディな
レジャー系施設の内装を多く手がけ、最新テクノロジーを駆使した音響と照明の分野にも強い。こうした
施設の優良デザインに贈られるＢＥＤＡ賞を３度受賞。アポロの仕事は建築会社ＥＷＡ社による改装を土
台に、ブループリント社が内装をほどこした。

地下のラウンジ。シネマ・タイムの前にここで一杯飲んでリラックス。パーティ会場として貸し切りも可

シネマ建築の世界は、奥深い。特にイギリ
スでは1920〜30年代築の映画館が多いた
め、各地に立派なアール・デコ様式のものが
残っている。老朽化したデコ館が修復され話
題になったりする一方で、都市部ではこれま
でにない21世紀的新型シネマもでき始めて
いる。

その典型が繁華街ピカデリー・サーカスに
あるアポロ・ウェスト・エンド。ブティッ
ク・シネマなどと呼ばれる、モダンで贅沢な
造りの映画館だ。入口からして従来の「本日
の上映作品」の大看板がなく、館名だけが表
示されたミニマルな打ち出しである。

１階がロビーとチケット売場。中地下にＶ
ＩＰルーム。地下にカフェバー、ラウンジと

５つの上映室、という3層構造だ。

全館、ガラスとスティールの直線デザイン
だが、このミニマリスティックな下地は、光
の洪水を生かすためではないかと思えるほど
ど、ここでは照明の役割が大きい。ブルーや
ピンクのライトが、グリッター素材入りの床
に反射して、この上なくきらびやか。ストイ
ックな外観と、内観のドラマ性のギャップが
おもしろい。インテリアを手がけたブループ
リント社は、クラブやバーの内装経験豊富な
光使いのスペシャリストなのだ。

バー・カウンターなどには、色が次々と変
化する光のパネルも使われている。これを見
ると、アール・デコ時代のシネマ・オルガン
の派手な「電飾」を思い出さずにいられない。

1階はロビーとチケット売り場。正面の壁はレザー張り、はめ込み液晶画面から映画の予告編が流れている

地下のカフェバー。バー・カウンターのパネルが、レトロなシネマ・オルガンの電飾のように色を変える

どちらも、虹が一色ずつ表われるように、少しずつ色が変わるのだ。

　加えて、館内そこここにあるレザー家具もモダン・デコ風。新型シネマもこんな微妙な形でアール・デコを引き継いでいるのが、ちょっと愉快だ。

　それはさておき、この映画館では他館と一味違う贅沢空間を満喫するのがポイント。早目に出かけ、まずラウンジでリラックス。バーの飲み物を持ったままベルベットのシートに身を沈め、ゆったりと最新作を楽しもう。

地下に上映室が5つ。座席数は最大168、最少40と、すべてミニ・シアター・サイズ。ただしロードショー館なので、上映作品は最新のハリウッド大作が多い。ゆったりしたスペースとすわり心地のよい椅子がこの館ならでは

外観。元のビルは1926年から続いたプラザという巨大映画館だった。好況とはいえないシネマ界事情を反映して、今はビルの大半がスーパーマーケットになり、残りをアポロが占有。映画館としての規模が縮小された分、設備を充実させ料金高め設定で経営効率をアップした。映画館の都会での生き残り策の一例といえる

THE 02 (ex MILLENNIUM DOME)

ジ・02
（旧ミレニアム・ドーム）

Peninsula Square London SE10
www.theo2.co.uk
最寄駅：地下鉄 North Greenwich
完成：2007年
改装：HOK Sport+Venue+Event

アメリカの建築会社HOKの系列。スタジアム、アリーナ、ホール、スポーツ施設建築が専門。本社はカンサス・シティ。ロンドンとブリスベンに支社。米野球メジャー・リーグ、英サッカー・チームに多くのクライアントを持ち、米フロリダのジャクソンヴィル野球場、英カーディフのミレニアム・スタジアムなど、手がけたプロジェクトは800を超す。

テムズ河越しに見るドームの威容。ドーム自体の設計はリチャード・ロジャース・パートナーシップ。ＲＩＢＡ賞、ヨーロッパ・スティール構造物デザイン賞など、数賞を受賞している

ミレニアム・プロジェクトの目玉として、ミレニアム・ドームは経度ゼロの地グリニッジに建設された。完成は１９９９年。西暦2000年の到来を記念するイベントを満載して大盛況……となるはずだったが、フタを開けてみるとイベントは不人気、不入りで惨憺たる結果に終わってしまった。途中で政権交代があり、立案に混乱が生じ、中身のない企画となってしまったのが原因のようだ。

イベント開催期間は、99年大晦日から翌年の大晦日まで。ドームは予定どおりきっちり1年で閉鎖した。好評なら延長もありえただろうが、そうはならなかった。

一度見たら忘れられない、この特徴ある形状のドームを設計したリチャード・ロジャース・パートナーシップにとってみれば、企画の不備のとばっちりで建物まで正当に評価されず、さぞ不本意だったにちがいない。

ドームを数字で紹介すると、こうなる。丸屋根の直径320メートル。円周1キロ。床面積10万平方メートル。この種のドームとしては世界一の大きさだ。12本のマストが屋根から突き出て、そこから張り出したケーブルが72本の屋根の骨格を吊って支える構造になっている。

2005年春、4年半も新築廃墟状態だった

ノース・グリニッジ駅から望んだドーム。改装は、グリニッジ地区の総合的再開発と同時進行となる

「エンターテインメント・ディストリクト」と名づけられたショッピング・アーケード

ドームの将来がようやく明らかになった。新たな運営母体である携帯電話会社O2（オーツー）が、アメリカ型巨大アリーナへの転用計画を発表したのだ。総工費1億5千万ポンド。名前もジ・O2と変更になった。

設計はスタジアム、アリーナ建設のスペシャリスト、HOKスポーツ+ヴェニュー+イベント社。2万3000人収容の大アリーナを中心とし、その周りをライブ・ハウス、映画館、展示会場、アイススケート・リンク、ショッピング・アーケードが囲む構造で、2007年完成、オープンとなる。

アリーナは大型スポーツ／音楽イベントに使用されるほか、2012年のロンドン・オリンピックでも重要な役割を果す予定。

ドーム第二の人生に幸いあれ！

ヨーロッパ最大級の規模となるアリーナ

WEMBLEY STADIUM
ウェンブリー・スタジアム

Olympic Way Wembley HA9
www.wembleystadium.com
0844-980-8001
最寄駅：ナショナル・レイル
Wembley Stadium　地下鉄
Wembley Park/ Wembley
Central
完成：2007年
設計：The World Stadium
Team

フォスター・アンド・パートナーズとHOKスポーツ＋ヴェニュー＋イベント社がこのプロジェクトのために特別連携。両社の豊富な経験とノウハウを結集させた世界最高水準のドリーム・チームといえる。ツインタワー取り壊しへの抵抗感は強かったが、フォスターは「ひとつの時代の終わりは明るい未来の始まり」の言葉で人々の目を未来へ向けさせた。

© Wembley National Stadium Limited

スタジアム全景。人の流れをスムーズにするため、周縁に幅広のコンコースが設けられている

　サッカーの国イギリスが、国の威信をかけて建設した新ウェンブリー・スタジアム。政府・国民共に「世界最高のスタジアム」と自負する国立サッカー場である。9万人収容という大容量と、スライド開閉式の屋根などスタイリッシュなハイテク仕様がご自慢だ。

　新スタジアム設立にあたって取り壊された1920年代築の旧スタジアムには「ツインタワー」と呼ばれるシンボルがあった。これはゲート脇にあった2本の塔で、長年親しまれてきたその塔が倒壊した日には、大の男のサッカー・ファンが涙する姿がテレビ・ニュースで映し出された。

　新しいスタジアムでは、これに代わって、ゆるやかな弧を描く長大な「アーチ」がトレードマークとなる。アーチは幅315メートル、高さ133メートル、重さ1750トン。昼は新ランドマークのひとつとしてロンドンの空に君臨し、夜は照明を灯して夜景を彩る。

　ただしこれは飾りではなく、屋根の重量を吊り、支えるという重要な役割を果している。この構造から、無柱の、視界の開けたスタジアムが実現したのだ。屋根の開閉は電動式。ピッチの芝の育ちをよくするため、屋根を開いた時に最大限の光と風が芝に当たるよう工夫されている。

　設計は、ワールド・スタジアム・チーム。この大建造物構築のために特別編成された建

工事中のスタジアム。2005年完成予定だったが大幅に遅れ、2007年3月にずれ込んだ

スタンドからピッチを臨む。柱がないため、一切の障害物なく試合を観戦できる。
完全バリアフリー、観客ひとり分のスペースも広めに取るなど、人にやさしい設
計となっている

築会社の連合体だ。

　サッカーのほかにもラグビー、陸上競技、コンサートと、ここは多目的スペースとして機能する。当然、ロンドン・オリンピックでも主要施設のひとつとしてフル稼働することになる。

　新スタジアム建設にともない、周辺の3つの駅も拡張・整備された。中でも要注目なのは、ウェンブリー・スタジアム駅とスタジアムとを直につなぐ歩道橋。アクセス法はいろいろあるが、新建築ファンなら、ロンドン・アイ（72ページ）を造ったマークス・バーフィールド社の手になるこのモダンな架け橋を通ってスタジアムへと向かいたいもの。

LORD'S CRICKET GROUND
MEDIA CENTRE

St. John's Wood Road London
NW8
020-7616-8500
www.lords.org
料金：試合、座席によって異なる
のでお問合わせを
場内ツアー　大人£10.00　子供
£6.00
最寄駅：地下鉄 St. John's Wood
完成：1999年
設計：Future Systems

ローズ・クリケット場
メディア・センター

ヤン・カプリスキーとアマンダ・ラヴィートが1979年に興したロンドンの建築、デザイン会社。「宇宙家族の家」風レトロ・モダンな作風が特徴。代表作はセルフリッジズ・バーミンガム店、一連のマルニ・ブティック、コム・デ・ギャルソンＮＹ、パリ、青山店。ローズ・メディア・センターでＲＩＢＡスターリング賞を獲得したほか受賞作多数。

メディア・センター。前面のガラスが傾いているのは、報道陣の視界をよくするためと選手の目に照り返しが入るのを防ぐため

　緑の芝生に映える真っ白なユニフォーム。クリケットはイギリスの夏の風物誌ともいえる伝統スポーツだ。日本で今ひとつ人気が出ないのは、野球に似て非なるルールがわかりにくいのか、この球技のあまりにイギリス的な体質が問題なのか。何しろ、試合の途中でも3時を過ぎると選手たちは「お茶の時間」に引っ込んでしまう。国際試合ともなると延延5日も続くのだ。この優雅にして悠長すぎる試合運びを楽しむには、心のゆとりを持つ

ことから始めなければならない。

　古き良きイギリスを体現するクリケットと新建築には接点がなさそうだが、イギリスを代表するクリケット場、ローズは意外にも新建築の宝庫なのだ。

　最も強力に目を引くのがメディア・センターだろう。謎の飛行物体的形状のこのカプセルは、外殻が白色塗装のアルミ材で、前面がガラス張り。2本のコンクリートの柱に支えられ、柱の内部には階段とエレベーターが仕

試合のない日には、メディア・センターを含む場内ツアーが行われている。日程、順路共不規則なので、ウェブサイトで詳細を調べ、電話で確認の上お出かけを。ユニークなイギリス体験となることまちがいなし

ニコラス・グリムショウの「グランド・スタンド」。細かな骨組みで構成されるトラス構造

込まれている。設計はレトロ・モダンなデザインを得意とするフューチャー・システムズ。カプセル製造には、ヨット・メーカーの手を借りた。名前どおり、ここは報道陣用特別席で、内部は記者席と実況中継用スタジオから成っている。

伝統の球技場にこんな「異物」を受け入れるイギリス人の鷹揚さに感心するが、ここには他にも新建築がたくさん。ニコラス・グリムショウによる大観覧席「グランド・スタンド」（1998）、マイケル・ホプキンスの「マ

ウンド・スタンド」（1987）、デイヴィッド・モーリー・アーキテクツの屋内クリケット・スクール（1995）。

1814年にローズ・クリケット場がここへ移ってから現在まで、さまざまな建築家がスタンドと付随施設を建てたため、グラウンドには新旧の建築物が混在している。そんな具合なので、全体の景観がいささかばらばらなのは否めないが、建築の見本市として見れば、ここは大変におもしろい。

このグラウンド最古のスタンド「ヴァリティ・パヴィリオン」（1889）。この裏にクリケット博物館がある

グラウンドには異なる時代の8つのスタンドが並ぶ。計2万9000人収容

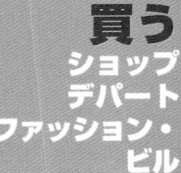

Hoss Intropia
ホス・イントロピア

Aveda Institute
アヴェダ・インスティチュート

ハイストリートでは、ショップの輝きにみがきがかかっている。老舗は古い殻を脱ぎ捨てて21世紀的ニュールックを披露し、トレンディ・ショップやデパートは常に新感覚を打ち出すべく頻繁に模様替えをくり返す。有名建築家が内装に関わるケースも少なくない。ところで、ショップの場合なぜ「新建築」でなく「新インテリア」としてしか取り上げられないかというと、ロンドンではそもそもショップの新築がほとんどないからだ。新築ビルもたくさんできているようでいて、実際は元々建物のない新開発地区か倉庫街と地域が限定されている。都心では街並み保存条例が厳しく、個々のショップが斬新な店舗建築を企てても、許可が下りることはまずない。それどころか既存の建物の外観変更も許されないことが多い。結果、各ショップはインテリアでセンスを競い合うことになる。落ち着いた石造りのビルの中でラディカルなインテリアが自己主張しているのを発見する、そんな驚きがロンドンのショップ巡りの楽しみだ。

SELFRIDGES
セルフリッジズ

キッチン・ロジャース・デザインは、建築家リチャード・ロジャースの息子、エイブ・ロジャースとショーナ・キッチン2人のユニット。キネティック・アート（機械仕掛けの動的要素）を取り入れたインテリアはどれもユニーク。アッジェイ・アソシエイツのデイヴィッド・アッジェイはタンザニア生まれ。まだ数少ない黒人建築家にしてイギリスの若手を代表する注目株。

400 Oxford Street London W1
www.selfridges.com
0800-123-400（英国内）
44-113-369-8040（海外）
営業時間：
月曜　　10:00～20:00
火曜～土曜　9:30～20:00（木曜～21:00）
日曜　　12:00～18:00
最寄駅：地下鉄 Bond Street/ Marble Arch
完成：進行中
内装：Kitchen Rogers Design/ Adjaye
Associates / Future Systems/ Softroom/
HMKM/ Christian Liaigre/ Stanton
Williams/ Lees Associates/ etc

2階の「メンズ・スーパーブランズ」。天井から下がったボールがモーターで動き、瞬時にしてレイアウトすなわち「サッカー場の景観」を変化させる。いかにもＫＲＤらしい機械仕掛け

セルフリッジズは、現代アート感覚を持った先鋭的デパート。ショーウィンドーをマネキンでなく人間のパフォーマンスで飾ったり、600人の集合ヌードを撮る写真家のためにフロアを開放したり、とアーティスティックなデパートとして過激な話題に事欠かない。

2000年から徐々に始まった改装も、予想にたがわず「ぶっ飛んだ」仕上がりだ。中から、世界のトップ・ブランドを一堂に集めた2つのセクションを見てみよう。改装の目玉

となる部分である。

まず2004年完成の「メンズ・スーパーブランズ」。ここはキッチン・ロジャース・デザイン（ＫＲＤ）社による設計で、コンセプトはずばり「サッカー場」。芝生の緑、ボールの白、空の青の3色がスタイリッシュに抽象化され、売り場というパレットに配分されている。

もうひとつは2003年完成の「ウィメンズ・デザイナー」。こちらは注目の建築家デイヴィッド・アッジェイの作。イタリアン・

「メンズ・スーパーブランズ」入口。ディオール、グッチ、ドルチェ＆ガッバーナ、ジョン・ガリアーノ、バーバリー・プローサムなどが集合している

3階の「ウィメンズ・デザイナー」。こちらのブランドはバレンシアガ、マルニ、クロエ、アレクサンダー・マックイーン、ステラ・マッカートニーなど

バーを真ん中に置き、周りをブティックと広場が囲む構成。天井のガラスが青空から夕焼けまで空の変化を表わす微妙なグラデーションに染め分けられ、そこからちょっと不思議な感じでライトが射し込んでいる。

　もうお気づきかもしれないが、両方とも「屋内における擬似屋外体験」という発想が大本にある。「奇妙な人工的アウトドアへようこそ。散歩気分でスーパーブランズ探索を」という茶目っ気あるメッセージがそこに感じ

取れる。

　このほかにも、キッズ用品売り場をフューチャー・システムズが、アクセサリー・ホールをＨＭＫＭが、化粧品売り場をクリスチャン・リエーグルが設計と、館内はさながら旬のインテリア・デザイン・ショーケース会場のよう。しかもこの改装はいつ終わるとも知れず、今も進行中だ。ここで起こっているのは、改装というより打ち続く変貌なのだと考えた方がいいのかもしれない。

キッズ用品売り場。セルフリッジズ・バーミンガム店の設計を手がけ、その「アルミニウムの繭」のような外観で話題をまいたフューチャー・システムズが、独特の曲線空間を作り上げた

ジュエリー・ホールの照明もデイヴィッド・アッジェイの作品

HABITAT REGENT STREET SHOP

121-123 Regent Street London W1
www.habitat.net
08444-99-1134
営業時間：
月曜〜土曜　10:00〜19:00
（木曜〜20:00）
日曜　12:00〜18:00
最寄駅：地下鉄
Piccadilly Circus
完成：2006年
設計：Tom Dixon

ハビタ
リージェント・ストリート店

1959年チュニジア生まれ、イギリス育ち。デザインの勉強はほとんど独学。工業廃材を溶接加工するインダストリアル・オブジェ作家としてスタートし、家具／照明／インテリア・デザイナーに。イタリア、カッペリーニ社の依頼で制作したＳチェアーが90年代に大ヒット。2001年からハビタのクリエイティブ・ディレクター。自社を経営しつつ、この役職を兼務中。

アール・デコ時代のドーム天井と現代の階段。2つの異なる時代が出会うダイナミックな空間

1階売り場。ディクソンのもうひとつの代表作イン・ザ・パーク・レストランもウッディな造りが特徴

歴史的建築物が多く残るロンドンでは、歴史とモダナイゼーションをどう折り合わせるかが、常に大きな課題となっている。ひとつは古い風景を損なわずにどう高層ビルを建てていくかという景観の問題。もうひとつは古い建物を保存しながらどう近代的機能を持た

2階売り場。丹念に修復されたステンドグラス、漆喰装飾、ランプシェードに注目。この階にはカフェもある

せ使っていくかという転用の問題。

これらの問題に対し行政は非常に慎重で、建築計画、転用計画の審査に時として何年もかけるため、ロンドンの新建築シーンは活発ではあるが、その実ここは許可取得の難しい都市としても知られている。

異なる歴史要素を調和させたみごとな例として最近絶賛を浴びたビルに、ハビタ・リージェント・ストリート店がある。ハビタはコンテンポラリーな家具雑貨を扱う世界的チェーン。ここでは同社のクリエイティブ・ディレクター、トム・ディクソンがデザイナーとしてチームを率い、荒廃していた20年代のアール・デコ・シネマ・ビルを華麗に甦らせ、商品傾向と合致するコンテンポラリーな売り場を内部にしつらえた。

「元の装飾があまりにすばらしく、ついデザインをこれに合わせてしまいたい誘惑にかられましたが、実際にはショップ部分だけ別世界から舞い降りたような構造となりました。ただし、元の装飾を生かすために建具は素材も形も控え目。デザインしすぎないこと。これを自分にいつも言い聞かせました」ディクソンはこう話す。

ウッディなインテリアを得意とする彼は、暗い塗りの木材を多用して、天井の高いドーム型建築を2フロアに分け、大理石の部分使いで威厳を、ガラスの仕切りで軽さを出した。全体に簡潔、大胆、剛健。デザイナーの言うように、確かにインテリアは主張はあれど出すぎることなく、現代の商品と昔の装飾とを違和感なく結びつける橋わたし役をしているように見受けられる。

先進性と歴史を調和させる解決策として、見ておく価値のある空間だ。

ROYAL EXCHANGE
ロイヤル・エクスチェンジ

Royal Exchange London EC3
www.theroyalexchange.co.uk
営業時間：
　月曜〜金曜　時間は店によって異なる
最寄駅：地下鉄、ＤＬＲ Bank
完成：2001年
改装：Fitzroy Robinson

1956年設立のロンドンの建築会社。ソ連、東欧にもオフィスを置き、英国全土、ヨーロッパで仕事を展開する。古建築物の丁寧な修復とセンスのよい改装でつとに有名。一例がロンドンの病院を5ツ星ホテル、レインズバラに転じたプロジェクト。他にオフィス、役所なども手がける。合併により現在の呼称はオーケット・フィッツロイ・ロビンソン。

フィッツロイ・ロビンソンが外枠を作り、内装は各ショップが独自に手がけた。顧客の中心はシティのリッチなビジネス・ピープルだが、ツーリストにとって実はここは「昼間すいていて買物がしやすい」意外な穴場

正面はまるで古代建築のようでいて、内部にはトレンディな店構えの高級ブティックがずらり。ロイヤル・エクスチェンジはヨーロッパならではの構造の、古くて新しいショッピング・モールだ。

建物の歴史は16世紀半ばまでさかのぼる。ここシティは、当時から商業の中心地として栄え、ヨーロッパ中から商人が集まり、盛んに取引きが行われていた。初代ロイヤル・エクスチェンジは、そんな彼らの活動基盤とな

正面は古代ギリシャ建築を模した、グリーク・リバイバル様式

るマーケットとして1566年に建設された。

建物はその後火災で2度焼失し、現在の建物は1844年築の3代目に当たる。その3代目が今の姿になるまでに、1991年と2001年、フィッツロイ・ロビンソン社による2度の大改装が行われている。

一度目は、老朽化した建物の修復、同じ建築様式で上に2層増築、中庭にガラスの屋根を設置、の3点が主眼だった。

2度目は、それまでオフィスとして使われていた1階と中2階をショッピング・モールにするためのリノベーション。豪壮な石造建築に、つややかなガラスとスティールを欄干や仕切り、装飾として巧みに組み込み、世界の高級ブランドを迎えるにふさわしい外枠作

りがなされたのだ。どっしりした石に現代の素材が抱かれた、安心感のある贅沢空間ができ上がった。

古い建物をガラスとスティールでコンテンポラリー化、というのはありがちな手段だが、実際、これらの素材は堆積した歴史の重み、よどんだ空気を吹き払い、清涼感をもたらす軽やかなパワーを持っている。

中にはグッチ、エルメス、シャネル、ティファニー、ポール・スミスなどのブティック、レストランが約40店入居。近世、ここは長らく株式取引所やオフィスとして使われてきたが、今再び世界の商人たちの集まるところとなり、ある意味、巡り巡って最初の形態に戻ったといえるかもしれない。

18世紀末創業の老舗ジュエリー・ショップ、ブードルズ

コケティッシュなデザインで大人気、バッグのルル・ギネス

屋根付き中庭のグランド・カフェ・アンド・バー。中2階にはフレンチ・レストラン、ソートレルも

MATERIAL LAB
マテリアル・ラブ

10 Great Titchfield Street
London W1
www.material-lab.co.uk
020-7436-8629
営業時間：
月曜～金曜　9:00～17:30
最寄駅：地下鉄 Oxford Circus
完成：2006年
内装：'i am' associates/
Railston

'I am'アソシエイツは、パワフルなイメージ作りに定評のあるデザイン・コンサルタント会社。レイルストンは、文具のWHスミスなどをクライアントに持つ経験豊かなインテリア施工会社。マテリアル・ラブのデザインで、両社は通常実現困難な先進的アイデアを実際のインテリアに置き換えた腕を讃えられ、2006年リテール・インテリア賞を共同受賞した。

ライム色のライトに照らされた店内。左の壁沿いにタイル見本がずらり

　窓辺にライム色のマヌカンたちが並び、天井のライトが同じライム色の光を室内に投げかけている。一見何の店なのかよくわからないここは、実はタイル会社のショールーム。H＆Rジョンソン・タイルズ社が、自社を含む約40のタイル・ブランドの製品を展示するマテリアル・ラブという名のスペースだ。

　さまざまなタイルが色別に美しく陳列され、店内はモダン・タイル・ギャラリーといった様相。一口にタイルといっても、セラミック、ガラス、石、四角いの、六角形のもの、模様入り、といろいろあって、思わず陳列品に見とれてしまう。

　店の奥には抽象柄のタイル壁画があり、階段まわりの壁には無数の小さなルビー色のガラス・タイルが張り巡らされ……とこんなふうに店のそこここに実際のタイル使いのお手本が示されている。

　ライム色のライトの下には、これまたライム色の椅子を配した大テーブルが置かれ、ここで建築家やデザイナー、あるいは自宅の改造を試みる一般人たちが、心ゆくまでインテリアについて話し合いを持てるようになっている。タイルとのコンビネーションを考えるために壁材も多種用意され、アイデアを得るためのインテリア本もそろっている。まさにここは名前のとおり、マテリアル・ラブ（素材研究所）なのだ。

　ショップ・デザイン担当は'ｉａｍ'アソシエイツ社、施工をレイルストン社が請け負った。これだけモダン建築／インテリアがブームとして白熱するロンドンに、こうした「建築素

マヌカンはなにやら思案顔。デザインを「考える人」なのか

インテリア本を自由に手にとり、アイデア源に

材を扱う先鋭的な場」ができるのは、必然といえる。今まで主に地方の工場に併設されていた板ガラスや石材、床材のショールームも、そのうちモダン化され、都心に移ってくるかもしれない。

　ライム色のライトの下で、カラフルなタイルに囲まれていると、専門家ならずともデザイン心を刺激され、インテリアについて考えを巡らせたくなってくる。

階段スペースにおけるタイル使いの見本

オックスフォード・ストリートの北側のこのエリアは、クォリティ・ショップがどんどん進出して発展中

BURBERRY NEW BOND STREET SHOP

バーバリー
ニュー・ボンド・ストリート店

21-23 New Bond Street London W1
www.burberry.com
020-7968-0000
営業時間：
月曜〜土曜　10:00〜19:00
日曜　12:00〜18:00
最寄駅：地下鉄 GreenPark/
Piccadilly Circus/ Oxford Circus
完成：2000年
設計：Randall A. Ridless +
Mark Pinney Associates +
Burberry store planning and
visual merchandising team

リドレスは高級デパートの豪華内装を専門とするニューヨークのインテリア・デザイン会社。ピニーは、アルマーニやウンガロの店舗を手がけたロンドンの建築会社。これにバーバリーの社内チームを加えた三者連携による最初の「作品」がニュー・ボンド・ストリート店だった。以後も、この黄金トリオによるバーバリー出店計画が世界的に進行中。

1階バッグと小物、地下メンズ、2階ウィメンズと3層にわたる売り場。階段の手すりもチェック柄で構成されている

地下メンズ売り場。磨かれたイングリッシュ・オーク、ポートランド石、レザーなどの高級自然建材が重厚感をかもす

階段の踊り場。バーバリー・チェック・アレンジ柄のじゅうたんに注目。壁の色もすべてチェックの色から取られている

　ミレニアム時期に行われた一連の老舗ブランド・リニューアルの中でも、バーバリーは特段の成功例として記憶されている。

　この改革の推進力となったのが、エグゼクティブとしてアメリカから迎え入れられた辣腕女性事業家ローズ・マリー・ブラヴォーだった。改革初期の主柱はふたつ。レーベル新設を含むデザイン全般の刷新と、フラッグシップ・ショップとなるロンドン・ニュー・ボンド・ストリート店の建設だった。

　ブラヴォー女史は、新デザイナーを選定する一方、自ら社内チームを結成して、新店建築構想にも積極的に関わった。彼女のアイデアを具現化させたのが、アメリカのインテリ

英国国旗に王室御用達マークも見える店の外観

ア・デザイナー、ランドル・リドレスと、イギリスの建築家マーク・ピニーだった。イギリスの老舗ブランドの復興の陰に、大いなるアメリカン・パワーあり、だったのである。

　「彼女が求めていたのは冷たいミニマリズムではなく、心地よく暖かく明るい雰囲気の売り場でした」とリドレスは言う。

　実際に完成した新店には、これに「ラグジュアリー感」が加わっている。

　「建築的にはモダンですが、部分部分はもう、伝統そのもので成り立っているのですよ」とブラヴォー。

　漠然としているようだが、これは実にわかりやすく形になっている。つまりは、店中に伝統柄のバーバリー・チェックがちりばめられているのである。柱に、手すりに、じゅうたんに、ソファに。チェックは抽象的にアレンジされているため、ほとんど原形をとどめないが、それがとても新しく感じられる。壁や床の赤、黒、クリーム、キャメルも、もちろんチェック由来の色合いだ。上品だが、店中にあふれる老舗の主張は濃く、強い。

　バーバリーはこの店の成功を受けて、同じチームの設計による支店新設・改装計画を世界で展開中。ニューヨーク店、バルセロナ店などをオープンさせている。

STELLA McCARTNEY
ステラ・マッカートニー

30 Bruton Street London W1
www.stellamccartney.com
020-7518-3100
営業時間：
月曜～土曜　10:00～18:00
（木曜～19:00）
最寄駅：地下鉄 Bond Street/
Green Park
完成：2003年
設計：Universal Design Studio

ロイヤル・カレッジ・オブ・アートの同級生エドワード・バーバーとジェイ・オズガビーを中心に、2001年に結成されたデザイン集団。建築、内装、家具、製品各分野の専門家が集結し、設計からディテールの仕上げまで、一貫した仕事ができるのが強味。近作はリバティ・デパートの本館改装、バタシー発電所再開発にともなう店舗設計。

木立ちのはめ込み細工は、流れるように床にも伸びている

　一足先に開店したニューヨーク店は倉庫を改造したスペースだったが、こちらロンドン店の前身はアート・ギャラリーだった。さらに建物の起源をたどると、元々は18～19世紀ジョージ王朝時代のタウンハウスであることがわかった。タウンハウスというのは、カントリーサイドに広大な邸宅を持っていた上流階級の人々が、ロンドン滞在時用に所有していたお屋敷で、いわば都会の別邸。昔のタウンハウスは所有者の階級を反映して、ゴージャスなものが多い。

　このブティックは、そんなタウンハウスの広々した間取りを受けつぎ、大きな暖炉や天窓、クラシックな階段、豪華な漆喰模様など歴史的部分も復元。さらにそこへモダンなオリジナル家具やアートを配し、若々しい色彩を合わせて、伝統と近代性を上手にマッチさせている。

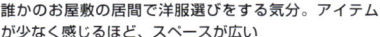

誰かのお屋敷の居間で洋服選びをする気分。アイテム
が少なく感じるほど、スペースが広い

シャンデリアのある香水の部屋

入口を入ってすぐのカウンター裏にあるダ
イナミックな木立ちの壁画は、一見絵画のよ
うだが、実は本物の木を使った繊細なはめ込
み細工。ワードローブは本体もハンガーもオ
リジナル仕様。壁紙は手刷り。とこのように、
「設計から製品デザインまで」のユニバーサ
ル・デザイン・スタジオならではの細かい技
が、すみずみにまで行き届いている。

落ち着いたたたずまいの中に、甘いロマン
ティシズムが息づくインテリアは、ステラの
ファッション世界そのもの。彼女はまた自

然・動物愛護の活動家としても知られるが、
木立ちのモチーフや壁紙の蝶模様に、そんな
一面がさりげなく表われている。

このブルートン・ストリートからボンド・
ストリートにかけての界隈は、ショッピング
の一大メッカ。ステラと共に英国モード界を
リードするアレクサンダー・マックイーンの
ショップ（106ページ）はじめ、プラダ、グ
ッチ、ルイ・ヴィトンと、あらゆるスーパ
ー・ブランドが軒を並べているので、ぜひた
っぷりの時間をとって散策を。

シューズ・コーナー

随所に甘やかなピンクが効果的に使われている

ALEXANDER MCQUEEN
アレクサンダー・マックイーン

4-5 Old Bond Street London W1
www.alexandermcqueen.com
020-7355-0088
営業時間：
月曜〜土曜　10:00〜18:00
（木曜〜19:00）
最寄駅：地下鉄 Green Park
完成：2003年
設計：William Russell

ロイヤル・カレッジ・オブ・アート卒業後、今や売れっ子のデイヴィッド・アッジェイと組み建築会社を興すが、2000年に分裂。同年自社設立。2005年には個人作業から共同作業への転換を目指し、総合建築デザイン会社ペンタグラムにパートナーとして参加。これまでの代表作はマックイーンの3軒。他にマーガレット・ハウエルのブティックも。

イマジネーションを刺激する不思議な大円柱。地下売り場はドレスやカジュアルウェア中心

2002年夏から翌年夏にかけての1年間に、マックイーンはファッションの重要拠点であるニューヨーク、ロンドン、ミラノに、たて続けに3軒のフラッグシップ・ショップをオープンした。3店ともウィリアム・ラッセルの設計。マックイーン自身もアイデアの段階で参画している。

個性的なブティックは数々あれど、ここほど空間が圧倒的な支配力を持っている店舗は他に例を見ない。マックイーンの言葉を借りて言うなら「1個の石をくりぬいたような」構造なのである。物を築き上げる建築という

よりも、1個の巨大な石の中に柱や階段を彫り込み、そこにできた空洞で人々がショッピングをする、とそんなイメージなのだ。

彼はまたこの店を「柔らかな光に満たされた有機的空間」とも表現している。直線部分はほとんどなく、柱もディスプレイ棚も階段もすべて曲線。つるつるの鍾乳洞の中に迷いこんだような、背の高い植物群に囲まれているような……確かに有機物を思わせるという点で有機的な空間である。

特に、地下の床から1階天井まで突き抜ける長大な円柱と楕円のオブジェの組み合わせ

1階靴売り場。ライト・ボックスからの柔らかな光が、象牙色の店内をさらにクリーミーに染める

1階で見る大円柱。こちらの売り場は、スーツ、コートなどフォーマルな品ぞろえ

など、一体キノコなのかカラーの花なのか他の何かなのか、見る者のイマジネーションを刺激してくれる。

いくらか類似した建築物として思い浮かぶのが、ロンドンのリージェンツ・パーク近くにあるルドルフ・シュタイナー・ハウスだ。シュタイナーの思想にのっとり、有機的な曲線で構成された建物で、部屋や階段を歩いた時、生き物の器官の中を移動しているような気分になったものだ。

マックイーンの「前衛的なクチュリエ」感覚のファッションと、この近未来有機空間がどうつながるのか今ひとつはっきりしないが、どちらにも、彼のエキセントリックなパッションがたっぷりと注がれているのはまちがいない。

地下へ下りる階段

ショッピング街オールド・ボンド・ストリートに面した入口

BEN SHERMAN
CARNABY STREET SHOP

50 Carnaby Street London W1
www.bensherman.co.uk
020-7437-2031
営業時間：
月曜〜土曜　10:00〜19:00
日曜　12:00〜18:00
最寄駅：地下鉄 Oxford Circus
完成：2003年
設計：Caulder Moore

ベン・シャーマン
カーナビー・ストリート店

デザイン・コンサルト会社。設計、建築、インテリア・デザインはもちろん、ブランドによってはプロジェクト・マネージメントも請け負い、総合的なイメージ作りまで包括的に手がける。クライアントとして、ファッションのアクアスキュータム、ジグソー、レストランのワガママ、家庭雑貨のザ・ホワイト・カンパニー、カフェ・チェーンのネロなど。

一段と「ブリティッシュネス」の強調されたディスプレイ

　60年代イギリスの青春群像ともいえるモッズ族。細身のスーツにパーカをはおり、スクーターで街を疾駆した彼らのお気に入りの音楽は、アメリカン・ソウル、そしてもちろんザ・フーにスモール・フェイセス。ファッションは、というと一番に挙げられるのがベン・シャーマンだった。

　モッズの溜り場だったロンドンのカーナビー・ストリートにベン・シャーマンが店を

出したのが1968年のこと。以後40年近くにわたって、この店は同じストリートで営業を続けてきた。

　カーナビー・ストリートが、今やすっかりトレンディなショッピング街に変身したように、ベン・シャーマンもモッズだけにこだわらない「ブリティッシュ・スタイルを世界に発信する国際企業」へと、大きく成長した。

　店舗の全面改装には、そんな新イメージを

3色のタイル、ガラスと金属の階段が、伝統に新感覚を
もたらす

ドアの上の21世紀的ターゲット・マーク

前面に出す意味もあった。デザインを手がけ
たコールダー・ムーア社によると基本コンセ
プトは「60年代の伝統を受け継ぎながらも
レトロに陥らない、未来を志向した空間作
り」。

　このコンセプトが最も顕著に現われている
のは、入口のドアだろう。モッズ族がシンボ
ルに使った「ターゲット・マーク」が、ガラ
スとスティールのドアに描かれ、古いマーク
に21世紀的新生命が吹き込まれたかのよう
に見える。

　デザイン上のハイライトは、1階と地下を
結ぶ階段脇一面を埋めつくす壮観な「3色タ
イルの壁」。目新しいタイル使いだが、この
赤、青、白の3色はターゲット・マークの色
でもあり、英国国旗ユニオン・ジャックの色
でもあり。こんなところにも、近代化をはか
ったブリティッシュ・ブランドの粋な主張が
見てとれる。改装から4年たった2007年に
は模様替えが行われ、店内の「ブリティッシ
ュネス」が一段と強調された。

オーク材のディスプレイ棚と白いレザー風素材を張っ
た大円柱は、時流に無関係などっしりした風格を漂わ
せている

「モダン・ブリティッシュ」な外観

DOVER STREET MARKET
ドーヴァー・ストリート・マーケット

17-18 Dover Street London W1
www.doverstreetmarket.com
020-7518-0680
営業時間：
月曜〜土曜　11:00〜18:00
（木曜〜19:00）
最寄駅：地下鉄 Green Park
完成：2004年
コンセプト及び指導：
Rei Kawakubo

川久保玲。コム・デ・ギャルソンのデザイナー、社長。以下、彼女自身が語るＤＳＭ創設にあたってのマニフェスト。「様々な分野からの様々なクリエイターたちが集まって、変転し続けるカオスのような空気の中で互いに出会えるようなマーケットを作りたいのです。個人の力強いヴィジョンを共有する、異なる系統の魂の融合と混交の場を」。

1階に陣取る殺伐としたバラック

　ドーヴァー・ストリート・マーケット（ＤＳＭ）の存在を知ったのは、情報誌タイムアウトに出ていたエルトン・ジョンの記事からだった。この億万長者のショッパホリック（買物中毒患者）が「何か特別なものを見つけるのにパーフェクト」と推薦する場所を見ずにほっておけようか。

　訪ねてみて、買物以前に、まずそのアナーキックなたたずまいに圧倒された。入るといきなり、剥製を飾った博物館風陳列棚があり、その奥にトタンとベニヤを打ちつけたバラックが鎮座している。

　ここは川久保玲がプロデュースするマーケット・ビル。地上5階地下1階の全6層にコム・デ・ギャルソンの各レーベルと、ランバン、ジョン・ガリアーノ、デケイズなど、彼女が世界中から招待した個性派ブランド70店以上が軒を連ねている。

　洋服を掛けるレールは工事現場の足場で作られ、試着室は簡易トイレのようなボックスだ。川久保のコンセプトを基に、フロア毎に別々なアーティストがインテリアを担当、さらに各ショップがそれぞれ独自のデザインをほどこしているが、この「永遠に工事中」の

壊れかかった板塀と廃墟の図。映画セット・デザイナーが手がけたフロア

各フロアに置かれている博物館風陳列棚。動物の剥製や果物のホルマリン漬けなど、奇品満載。値札付き、ということはこれも商品！

感覚は、全館に共通している。

　壊れかかった板塀は実は「作品」であり、無造作に重ねられた箱も本当は「ディスプレイ」。一見雑然としているようでいて、すべてが計算された劇場的カオスなのである。

　近頃ロンドンで、こういうファッション・スペースをめっきり見なくなった。コンセプトのあったマーケット・ビルはとうの昔になくなり、ストリート・マーケットは存亡の危機にさらされている。第一、この街はどの大通りにも同じチェーン店ばかりが並ぶ「クロ

ーン・タウン・シンドローム」に悩まされている。激しい物価高騰で、個人商店が生き残れなくなってしまったのだ。そんな潮流の中ですっくと立ち上がったDSMは、「街の無個性化」に対する「ブティックたちの逆襲」と見えなくもない。

　ロンドンはいつも「何か特別なもの」の見つかる場所であってほしい。

　（写真はオープン当初のもの。インテリア、ディスプレイは間断なく変化している）

さまざまなブランドの集合体でありながら、各ショップに看板がなく、いつの間にか隣の店に踏み込んでいる不思議な流れで買物をすることに。「コーナーの概念を打ち崩す」も、コンセプトのひとつ

ロンドン随一のショッピング街ボンド・ストリートから一歩入った閑静な通りにある端正なジョージアン建築。由緒あるブラウンズ・ホテルやシックなブティックが周りを囲む

JIMMY CHOO SLOANE STREET SHOP

32 Sloane Street London SW1
www.jimmychoo.com
020-7823-1051
営業時間：
月曜～土曜　10:00～18:00（水曜～19:00）
日曜　12:00～17:00
最寄駅：地下鉄 Knightsbridge
完成：2005年
設計：Tamara Mellon + Paolo Giachi

ジミー・チュウ
スローン・ストリート店

世界共通のショップ・デザインの雛型は、ブランドの社長タマラ・メロンのアイデアに基づき、フランスのデューゼル・デザイナーズとイタリアのヴダフェリ・パートナーズの2社がチームを組み具体化した。スローン・ストリート店ではこの2社は直接手を下さず、代わってイタリアの建築家パオロ・ジアッチが雛型どおりのインテリアを仕上げた。

ヴォーグ誌の編集者というキャリアを持つタマラならではの高度なファッション・センスがいかんなく発揮された店内

　スーパー・フェミニンなデザインのシューズとバッグで世界中の女性のハートをつかみ、急成長を遂げるジミー・チュウ・ブランド。「2008年までに世界で50店舗増」という壮大な出店目標に向かって邁進中だ。

　ジミー・チュウ・ショップのインテリアにはすでに定型ができており、多少バリエーションはあるが、世界各店ほぼ同じデザインで統一されている。

　ロンドンでは、2005年にオープンしたスローン・ストリート店を見てみよう。この店も他店と同様定型にのっとっているが、しいて特徴を挙げるなら、広さを生かしてVIPルームが設けられている点だろうか。

　各店に共通するインテリアのテーマは「40年代のブードゥワー（貴婦人の居間）」。ブードゥワーとは、やんごとなき身分の婦人の寝室に隣り合う私室で、身支度をしたり手紙をしたためたり、といったごく私的な用向きに使われる。古いお屋敷のそうしたブード

ゆったりとしたフロアで、心ゆくまでお試しを

クローム脚のショーケース。商品が美術品のように陳列されている

ゥワーをいくつか見たことがあるが、たとえば19世紀のそれはベルベットの天幕とドレープたっぷりのカーテンに囲まれた、大変に麗々しい小部屋であった。

　これに比べると、「ジミー・チュウのブードゥワー」は40年代と時代設定が新しい分、はるかにすっきりしているが、ゴージャスで女性らしい空間であることに変わりはない。

　壁は全面パッドの入ったサテン地で覆われ、床には同色のレザー・ソファ、天井にはクリスタルのシャンデリア。全体、淡く輝くベージュでまとめられている。

　定型デザインの大本のアイデアは、ブランド設立者、社長であるタマラ・メロンのもの。

　「誰かの家にお呼ばれした気分で来ていただければ」と彼女は言う。

　セキュリティが目を光らせている「誰かの家」ではあるが、彼女が意図した「贅沢で、やさしくて暖かな空間」の演出は、みごとに成功している。

壁もパッド入り。どこまでもソフトでフェミニンな店内

スローン・ストリート店入口。ロンドンのもう1軒の直営店はニュー・ボンド・ストリートに。高級ブランドの多くがこの二大ショッピング街の両方に出店している

DUKE OF YORK SQUARE
デューク・オブ・ヨーク・スクエア

Duke of York Square, King's Road
London SW3
営業時間：店によって異なる
最寄駅：地下鉄 Sloane Square
完成：2003年
改装：Paul Davis & Partners

代表のポール・デイヴィスは、生まれも育ちもロンドン。この街の建築的進化に情熱を注ぐ。自社を率いて約30年。住宅、オフィス、ショップ、多目的ビル、学校などの新築・改装のほか由緒ある建築物の修復・復元も。伝統とモダンさをマッチさせた上品な建築が特徴。チェルシー、ナイツブリッジなどロンドンの一等地での仕事が圧倒的に多い。

ヨーク・ストーンを敷きつめた広場。正面が、9棟中最大の棟。右のガラスの棟はアイスクリーム・カフェ。広場には3つの噴水があり、水量はすべてコンピュータ管理されている

スローン・スクエアの駅前、キングス・ロード沿いという最高の立地に、2003年広大なショッピング・センター、デューク・オブ・ヨーク・スクエアが誕生した。元英国国防軍の所有だった敷地を再開発したもので、大きな広場の中に大小合わせて9棟のショッピング・ビルが並び、商業施設と公共広場が共存する構造になっている。

広場には噴水があり、夏は子供がはしゃぎ回り、冬には同じ場所にスケートリンクが設置され、人々の歓声が響く。ショッピング・センターといっても、ここでは買物だけでなく、広場を散歩したりカフェの外席でお喋りしたり、いろいろな楽しみ方ができる。

キングス・ロードに沿ったチェルシーというこのエリアは、元から高級住宅街だが、60年代にはスウィンギング60'Sの、70年代にはパンクの発祥地となり、ポップ・カルチャーの歴史を担ってきたユニークな土地でもある。パンク時代にデビューしたヴィヴィアン・ウエストウッドの第1号ブティックが、この通りの外れにあるのは有名だ。

最近は、そんな若者のムーヴメントもなりを潜め、昼間のチェルシーはすっかりマダムの街となった。デューク・オブ・ヨーク・スクエアも地元のチェルシー・マダムたちで賑わっている。中には約40店舗が入居。ファッションのジョセフ、アニエスb、ジュエリ

低層階がショップ、上層階はオフィスに使用

ファッションのジグソー

靴のケイト・クーバ

ーのタテオシアン、カフェのパティセリー・ヴァレリーなど、人気店が揃っている。

　広場全体の景観とビル・デザインを手がけたのは、ポール・デイヴィス&パートナーズ。ビル群は、元からあった軍の兵舎を改装した建物と新築の建物とで構成されているが、全体として上品なモダニズムを感じさせる仕上がりとなっており、チェルシーの美しい街並みにしっくりと溶け込んでいる。

　「ロンドンにおける公共広場設計の初の成功例」と、巨匠リチャード・ロジャースも賛辞を贈っている。

ヘアサロン、スパのリチャード・ウォード

SKANDIUM
スカンディアム

86 Marylebone High Street London W1
www.skandium.com
020-7935-2077
営業時間：
月曜～土曜　10:00～18:30（木曜～19:00）
日曜　11:00～17:00
最寄駅：地下鉄 Bond Street
完成：2004年
設計：Magnus Englund, Chrystina Schmidt + Lewis
Granaiola Ltd

イングランドはスウェーデン、シュミットはフィンランド出身。それぞれスカンディアムの社長、マーケティング部長を務める。両者ファッション業界にいた経験を生かし、店舗デザインに果敢に挑戦。ルイス・グラニオーラ社は彼らのアイデア実現のための設計図引きに徹した。例外は階段。「設計が難しく、ここだけはプロに任せました」（シュミット）

自然光が白木の床を照らす、すがすがしい店内。奥が「スカンジナヴィアン・ブルー」の壁。階段上にヘニングセンのライト。この型はアーティチョークと呼ばれるロングセラー

英国インテリアのミニマル化が始まった90年代後半から、北欧家具の人気が急上昇した。従来の暗く重たい調度からの脱皮を試みるイギリス人にとって、ラインのすっきりした明るい色の北欧家具は、理想の新世紀スタイルだったのだ。同時に、ミッド・センチュリー家具ファンにとっても、当時のラインの製造がそのまま続く北欧家具は大きな魅力だった。

1999年、ウィグモア・ストリートに店開きした北欧家具雑貨専門店スカンディアム

は、このブームの影響ですぐに店が手狭になり、2004年に売り場面積2倍の現在の場所へ引越しをした。

取扱い商品は家具、照明、陶器、ガラス器、キッチン用品、雑貨、テキスタイル。フリッツ・ハンセン社のスワン・チェアやステルトン社のシリンダー型コーヒー・ポットといった商品が大人気だ。

ショップ・デザインも、当然スカンジナヴィアン・スタイル。設計は、この店の3人のオーナーのうちの2人マグナス・イングラン

根強い人気のヴィトラ社製パントン・チェア。60年代にヴァーナー・パントンによりデザインされた

モダンなインテリアにふさわしいガラス器

ドとクリスティナ・シュミットのアイデアを、プロの設計事務所ルイス・グラニオーラ社が具体化する形で進められた。

シュミットは、北欧インテリアの特徴である「ウッド」「ライト」「スペース」を重視した、と話す。ウッド。床は、森林の多い北欧の自然を感じさせる総白木張り。ライト。大きな天窓から陽光注ぐ店内は、とても明るい。スペース。ガラスの多用と見通しのよいレイアウトで、売り場は広々としている。

「壁のブルーにもご注目を。スカンジナヴィアン・ブルーなんですよ」と彼女は付け加えた。

商品もインテリアもひっくるめて、ここは北欧モダン・リビング見本市会場なのである。

インテリアに使われているアイテムは、すべて店で買えるものばかり。階段上のペンダント・ライトは、デンマークの有名な照明デザイナー、ポール・ヘニングセンの作品。床材はデンマーク、ディネーセン社の製品で、これも店で注文できる。

ここからほど遠からぬセルフリッジズ（94ページ）の中に支店あり。またナイツブリッジにも2軒目がオープンする（247 Brompton Road London SW3）。

地下は、ラグ、ファブリック、壁紙類の売り場

メリルボーン・ハイ・ストリートはお洒落な家具雑貨店の多い通り

WINT & KIDD NOTTING HILL GATE SHOP

237 Westbourne Grove London W11
020-7908-9990
www.wintandkidd.com
営業時間：予約制
最寄駅：地下鉄 Notting Hill Gate
完成：2002年
内装：Matthew Williamson

ウィント＆キッド
ノッティン・ヒル・ゲイト店

英国を代表するファッション・デザイナー。セントラル・セイント・マーティンズ校出身、97年デビュー。華やかな色使いのフェミニンかつボヘミアンなデザインで、マドンナ、シエナ・ミラーなどセレブからの支持も高い。家具は少数製作しているが、インテリアを手がけたのは、自身のフラッグシップ・ショップ以外では、ウィント＆キッドが初めて。

デザイン打合わせ用の「赤の部屋」。「ダイアモンドのアクセサリーを作るのは特別な折が多いので、デザイン決めにも特別な場所を提供したい」との店側の配慮が行き届いている

　2002年のクリスマス直前に、このダイアモンド専門店はノッティン・ヒル・ゲイトにオープンした。

　老舗立ち並ぶメイフェアではなく、カジュアルなノッティン・ヒル。既製品も扱うが、予算に合わせて（下は数百ポンドから上は無制限）カスタム・メイドも受け付ける。そして内装が、あのファッション・デザイナーのマシュー・ウィリアムソン。昔ながらの宝石店の枠からはみ出したこの店は、オープンと同時に大きな注目を集めた。

　店内に足を踏み入れたとたん、濃いフェミニンな、いかにもの「マシュー・カラー」が目に飛び込んでくる。フューシャ・ピンク、翡翠（ひすい）の緑、そして金。壁にはめ込まれたキャビネット、ディスプレイ棚のデザインも、彼の手になるもの。バロック風ソファのファブリックも、彼の作品。黒地に花鳥をあしらっ

入口を入って最初の部屋。既製ジュエリーがディスプレイされている

奥の部屋。椅子に座ると、まずシャンペンが出され、グラスを傾けながらゆっくりとデザインの相談をする

たスクリーン、竹をモチーフにした窓用の防犯格子。こうした独特のオリエンタル趣味も、彼らしい特徴だ。

クリスタル・シャンデリアに赤いシェイドのシャンデリア。凝った照明が、店にひときわ輝きを添える。テーブル・ランプがたくさんあるのは、ダイアモンドのカットや色を手近に精査するためで、美と実用を兼ねている。

マシューの構想に従って数々のライトを供給したのは、英ハートフォードシャーのザ・ライト・コーポレーション。家具類は、マシューご指名のタン・ロッカというロンドンの店から。

店名のウィント&キッドは、映画007シリーズ「ダイヤモンドは永遠に」に出てくる悪役2人組の名前からとったもの。店名からしてユーモアとウィットに富んでいる。本物の泥棒が入らないよう、裏をマシューの防犯格子、表を警備員が固めているので、予約を入れてから出かけよう。内装はまったく違うが、ロイヤル・エクスチェンジ（98ページ）内に支店がある。

ケイト・モスなど、このドアをくぐったセレブは多い

WEDGWOOD
ウェッジウッド

158 Regent Street London W1
www.wedgwood.com
020-7734-7262
営業時間：
月曜〜土曜　10:00〜19:00（木曜〜19:30）
日曜　12:00〜18:00
最寄駅：地下鉄 Piccadilly Circus
完成：2003年
設計：HMKM

1990年設立のロンドンのデザイン・コンサルタント会社。建築、内装、グラフィック各チーム一丸となった包括的かつきめ細かな仕事で定評がある。ロンドンのハーヴィ・ニコルス、セルフリッジズ、パリのギャルリー・ラファイエットなどデパートの売り場設計を多数手がける。受賞対象となったウェッジウッドの改装で、業界内の評価がひときわ高まる。

伝統のジャスパーから最新のジャスパー・コンラン作品まで、製品自体に歴史の奥行きがある

老舗のリノベーションはファッション業界だけでなく、あらゆる方面で着々と進んでいる。1759年創業の陶器の老舗ウェッジウッドもそのひとつ。新装なった本店の内装は、大変にシックな仕上がりだ。

基本の色合いは、白とグレーの濃淡。これに天井のブルーのライト、カラフルなタイルといった異質な色が加わり、いわゆるミニマリズムのモノトーンとは一線を画す色彩構成となっている。

改装のテーマは「ウェッジウッドらしさを現代的に打ち出す」。といっても、ここのは「バーバリー店内のバーバリー・チェック」ほどわかりやすくない。そこで、HMKM社

の設計者のひとり、クリス・ハンプシャーに店内の謎解きをお願いしてみた。

一例として、店を縦断する列柱を見てみよう。新しいインテリアの中核をなす堂々たる存在。シャープな形状のガラスの角柱は、造りはモダンだが、表面の図柄は柱頭飾りに壁面の浮彫り模様、と何やらとても古典的だ。

「このグラフィック、ギリシャ、ローマの神殿か何かに見えましたか？　実際は、英国スタッフォードシャーにある屋敷の建築パーツを撮影したものなのです。ウェッジウッドの工場の近くにあるウェッジウッド創業の頃にできた建物。土地的、時代的つながりを感じましてね。一種のイコノグラフィというわ

2004年、業界最高の賞といわれるベストUKリテール・インテリア賞を受賞した

ネオ・クラシカルなモチーフをモダンな手法で提示して人目を引く角柱。グラフィックの基となる写真は、建築写真で有名なリチャード・ブライアントが撮影。イースターやクリスマスには「季節のデコレーション」で、柱がすっかり覆われてしまうこともある

けです」

「ウェッジウッドらしさ」のもう少しわかりやすい例は、入口付近にある。創業者ジョ

サイア・ウェッジウッドの「家族の肖像」（ジョージ・スタッブズ画）が巨大な壁画ほどに拡大され、店頭を飾っているのだ。

「店の奥の手焼きのタイルも、ウェッジウッド製。インテリアのパーツにも、このようにウェッジウッド製品がたくさん使われているんですよ」

新しくなってもここに変わらぬ威風が漂うのは、ブランドの歴史と物語が、誇りと一緒に店中に織り込まれているからだろう。

床はつやつやのアカシア材。棚はすべて下側にライト内蔵。陶器の店だけに、光沢や反射の美しさにこだわったという

FOPP SHAFTESBURY
AVENUE SHOP

1 Earlham Street London WC2
020-7379-0883
www.fopp.co.uk
営業時間：
月曜〜土曜　10:00〜22:00
（月曜　9:00〜）
日曜　13:00〜19:00
最寄駅：地下鉄 Covent Garden
完成：2002年
内装：Chris Stewart Architects

フォップ
シャフツベリー・アヴェニュー店

フォップと同郷、グラスゴーが本拠。地元を主な活動の場とし、公団、公民館、児童遊園、スポーツ施設など、公共建築物を多数手がける。ともすれば地味になりがちなこうした建物にスタイルをもたらした彼らの功績は大きい。創造性とエコロジーは両立するとの信念のもと、省エネ設計やリサイクル建材の導入を積極的に進めている。現在の名称はコレクティブ・アーキテクチャー。

1階売り場。天井をダクトやインダストリアル・スタイルの照明が走る。意図されたデザインであるだけでなく、これらは実際に空調、配線ケーブル収納などに使われ機能している

黄色のアクリル・ボックスが窓辺のアクセントとなって、道行く人にアピールしている

1階売り場全景

　他では見つからない「何かおもしろいもの」を探したい、そんな時に訪れたくなるコヴェント・ガーデン。その一角に、気になるCDショップ、フォップがある。外観はクラシックなレンガ造りなのに、ショーウィンドーには明るい色のディスプレイ・ボックスが輝き、入口では店のロゴマークが元気に踊っている。

　ここフォップの始まりは、1980年代、スコットランドはグラスゴーのマーケットに出店していた小さな小さな露天だった。それから20年ちょっとの間に、英国中に50店近くをオープンする急成長ぶり。フォップの成功物語は、音楽業界でも大きな関心事となっている。品揃え、価格、立地、マーケティング戦略。成功の要素はいろいろあるだろうが、中に「個性的なショップ・デザイン」が含まれているのは確かだ。

　シャフツベリー・アヴェニュー店の場合、外観の楽しさにつられて中へ入ると、次に天井中に張り巡らされた剥き出しのダクトやパイプに目が引きつけられる。それが少しずつ形を変えて、地下へ、2階へと続いていく。80年代に流行したインダストリアル風だが、それを黄色のアクリル・ボックスや赤いライト・ボックスと組み合わせる遊び心が二時代分の進化といえようか。CDやDVDを探す時の気分に、ぴたりとくる環境がそこにある。

　内装はクリス・スチュワート・アーキテク

ツ。数多いチェーン店の多くを彼らが手がけているため、この雰囲気は多かれ少なかれフォップ・ショップ全般に共通している。

　音楽都市ロンドンに、CDショップはたくさんあれど、メガ・ストアも独立店舗も中古店も、インテリアへの配慮が十分だったはいえない。フォップ以前、お洒落なCDショップがあるようで意外となかったというのは、考えてみると不思議なことだ。

古めかしいレンガの建物の中にインダストリアルなインテリアが。古くて新しい街ロンドンらしい風景

AUSTIN REED
オースティン・リード

103-113 Regent Street London W1
www.austinreed.co.uk
020-7734-6789
営業時間：
月曜、水曜、金曜、土曜　9:30〜19:00
火曜　10:00〜19:00
木曜　9:30〜20:00
日曜　12:00〜18:00
最寄駅：地下鉄 Piccadilly Circus
完成：2003年
改装：JHP

ロンドンを本拠にするデザイン・コンサルタント会社。「クリエイティブ・シンキングと経営向上の両立」を基本姿勢に、デパートやショップの改装、ブランド改革に取り組む。クライアントはオースティン・リードのほか、デパートのセルフリッジズ、フェニック、ショップのラングラーズ、エスプリ、スーパーマーケットのウェイトローズなど。

地下から最上階まで吹き抜けのアトリウム。ブルーの空間をガラスの高速エレベーターが昇降する

　オースティン・リード本店がポップに生まれ変わったと聞いた時は、さっそくチェックに走らずにいられなかった。「さっそく」行ってしまったのには理由がある。オースティン・リードは1900年創業の老舗メンズ・ブランドだが、本店の店構えは四角四面でおもしろ味に欠け、言ってみれば、ただ伝統の重みがのしかかるだけの「紳士服のデパート」。どこをどうすれば「ポップに生まれ変わる」のか見当もつかなかったからだ。

　見にいって、想像以上の変貌ぶりに驚かされた。店全体がまるごとアート・ギャラリーと化したような趣きなのだ。

　まず、エレベーター脇のアトリウム。地階から4階まで全5フロアを貫くダイナミックな吹き抜け空間で、ここはギャラリーという以上にプラネタリウムを思わせる。

　次にウィメンズ・ファッション売り場。ウィメンズは創業80数年目にして始まった新部門なので、面積は小さめだが、チャーミン

トム・パーヴィス作品をモチーフにしたステンドグラス。本物のギャラリーにも見習ってほしいディスプレイ・センス

ウィメンズ・ウェア売り場。ビルの１階の天井から自然光が入るはずはないのだが……天窓を模したユーモラスな照明

グな売り場が設けられている。「天窓から入る自然光」を模した照明がユーモラス。

　階段部分は、各階色違いになったステンドグラスのポスターで装飾されている。このポスターは、1930年代にアール・デコ・スタイルでオースティン・リードの広告イラストを描いたトム・パーヴィスの作品をモチーフにしたもの。伝統をモダンな手法で打ち出した例のひとつである。

　この店の「ポップなギャラリー化」を実現したのは、デザイン・コンサルタント会社Ｊ

ＨＰ。設計、内装、経営戦略を一体化してブランド改革を図るこの手の会社は、今イギリスのリテール界で引っぱりだこ。オースティン・リードに関しても、ＪＨＰは改装とブランド・イメージ刷新の両方で腕をふるった。

　本店は、確かに楽しくなった。地下のカフェにすわって、飽かずにアトリウムの頂上を眺めてしまったほどだ。あとは、まだほとんどが四角四面のままの支店各店に、このセンスが浸透していくのを待つばかりだ。

絵画作品のように額縁に収まったスーツ。製品もカジュアル路線が増えた

オースティン・リード・ブランドのショップだが、本店の規模はデパート並み

HOSS INTROPIA
ホス・イントロピア

211-213 Regent Street London W1
www.hossintropia.com
020-7287-3569
営業時間：
月曜〜水曜　10:00〜19:00
木曜〜土曜　10:00〜20:00
日曜　12:00〜18:00
最寄駅：地下鉄 Oxford Circus/
　Piccadilly Circus
完成：2007年
内装：SKK Design

99年設立の総合デザイン会社。本社はハートフォードシャー、ロンドンにスタジオを持つ。建築、ショップ／オフィス／住宅のインテリア、展示デザイン、企業のブランディングなどを手広く手がける。クライアントに大手スーパーマーケットのマークス＆スペンサー、ポロ・ラルフ・ローレン、クルー・クロージング、ワーナー・ミュージックUKなど。

ガールズ・ドリームに満ちたモダンなパステル・カラーの店内

　ＺＡＲＡ、ＭＡＮＧＯといったスパニッシュ・ファッション・ブランドの人気が高まる中、マドリッドを本拠とするホス・イントロピアが、ロンドン、リージェント・ストリートに初の海外路面店をオープンした。

　ホスが扱うのは、10〜30代を主対象にしたミッド・マーケットのロマンチックなフェミニン・ファッション。ロンドン店オープニング・キャンペーンにはドール顔のスーパーモデル、リリー・コールを起用し、ショップ・インテリアもとろける甘さ……と、すべてをガーリー＆フェミニン路線のイメージ・

コンセプトで統一している。

　ショップの基本カラーは、スモーキー・ピンクとクリーミー・グリーン。これに、白い大きなシャンデリア、金縁のミラーなどを合わせ、さらに花と植物モチーフを店中に散らして、スイートなことこの上ない空間のでき上がり。贅沢なファブリック使い、ナチュラルな木、石使いも居心地のよさを生んでいる。上品さをほんの少しくずしたボヘミアンな雰囲気は、このブランドのファッションそのものの特徴とよく呼応している。

　インテリアを担当したのは、ＳＫＫデザイ

ゆったりくつろいで買物できる2階売り場。ハンギング・レールまで小花模様、の凝り様

階段の踊り場には白い大きなシャンデリア

ン。スーパー、ブティックから一般のオフィス設計まで、幅広い彼らの仕事はどちらかというと手堅くニュートラルな傾向が強かったが、ホスでは「ガーリーな夢をかきたてるスペース作り」に腐心している。

　ここ都心のショッピング街リージェント・ストリートは、目下通り全体がリノベーションの最中で、ほうぼうが工事中。新開店あり、老舗の改装あり、トレンディ・ショップの止まらない模様替えあり、と転変めぐるしいが、デザイン・レベルの高いショップ、レストランが次々と登場するので目が離せない。

通り全体がリノベーション最中のリージェント・ストリート沿い

AVEDA INSTITUTE
アヴェダ・インスティチュート

174 High Holborn London WC1
www.aveda.com
020-7759-7355
営業時間：
ショップ、サロン、スパ
月曜〜金曜　9:00〜19:00
土曜　8:30〜18:30
カフェ　月曜〜土曜　9:00〜18:00
最寄駅：地下鉄 Covent Garden
完成：2001年
設計：Jamie Fobert Architects

代表のジェイミー・フォバートはカナダ出身。トロント大学卒業後渡英、デイヴィッド・チッパーフィールドの建築事務所で10年近く修業。1996年、ロンドンに自社設立。住宅、レストランのほかアヴェダの国内全店の設計を担当。テイト・ブリテン、テイト・モダンの展示デザイン、テイト・セント・アイヴスの増築などギャラリーの仕事も多い。

アヴェダの隣には、オアシスという名のスポーツ・センター。ヘルス・コンシャスな人々には外せない界隈だ

世界中で人気のナチュラル・コスメ、アヴェダのロンドン最大のショップがここ。アヴェダ製品の売り場、ヘア・サロン、スパ、カフェから成り立っている。

植物成分をベースにした自然のヘアケア、ボディケア製品で、ホリスティックなトリートメントを受けたあと、ショッピングもお茶もできる場所とあって、ここは疲れた都市生活者のオアシスになっている。カフェ・メニューは、イタリアのイリー・コーヒーにケーキ類。軽食もとれる。

インテリアの方は、いかにも都会のオアシスらしいコンクリート打ち放し。1998年のメリルボーン・ハイ・ストリート店以降、英国内のアヴェダ全店を手がけているジェイミー・フォバート・アーキテクツの設計である。

フォバートといえば、簡素なラインの荒々しいまでに大胆なコンクリート建築が特徴。寸法の合わないところをそのままにしてしまったり、ざらざらの表面を残したり……どこまでが意図的でどこまでがハプニングなのか

入口付近。右手がショップで、奥がカフェ。イギリス
では癒しのイメージとしてオリエンタルなアイテムが
多用される

完成直後、装飾以前の骨格だけのカフェ

わからないが、不完全な仕上げも建物の持ち
味に仕立ててしまう豪快さゆえ、彼の建築は
人工建材を使っていても自然や野性を連想さ
せるところがある。

　このダイナミックなコンクリート使いを見
るにつけ、80年代に日本でも盛んに建てら
れたマンションやカフェバーの造りを思い出
して懐かしい。今はファッションでも、流行
が何か一色に染まることがなくなったが、建

築もしかり。ミニマリズムから過剰装飾系ま
で、そしてこんなコンクリート打ち放しも、
ひとつの時代にあらゆるスタイルが作り出さ
れ、並存している。

　このショップの場合、コンクリートの野性
の重量感が、「肌にも地球にもやさしい」が
売りの、いわばスロー・コスメであるアヴェ
ダ製品の信頼感に結びつき、不思議なマーケ
ティング効果を生んでいる。

現在のカフェ・カウンター。石、竹などオリエントを
意識した素材で装飾されている

ヘアサロン

Bierodrome Islington
ビエロドローム　イズリントン店

The Blue Bar
ザ・ブルー・バー

Inc Bar
インク・バー

とかく評判のよくないイギリスの食シーンだが、これまたミレニアムのころから格段に向上してきている。元来種類にとぼしく味に精彩のなかった英国料理にヨーロッパやアジアのテイストを加え、刺激的な新しい味「モダン・ブリティッシュ料理」を創作する試みが意欲的になされている。ロンドンの一流レストランはスター・シェフの獲得に躍起になり、インテリアの刷新にも力を尽くしている。かくして、レストラン／バー・インテリアは百花繚乱時代を迎えた。一方の端にミニマリズムあり、もう一方の端に過剰装飾主義あり。その間にエレガント系、レトロ・モダン系、インダストリアル系と、あらゆるスタイルが出そろった。もはや傾向とか流行とかないほどに。いまだに味は二の次、レストランは雰囲気が第一と考えるイギリス人が多いのはちょっとどうかと思うが、それだけに「見どころ」はたくさんある。願わくば、高層階レストランがもっと増えますように。

RHODES TWENTY FOUR
ローズ24

Tower 42, 25 Old Broad Street
London EC2
020-7877-7703
www.rhodes24.co.uk
営業時間：月曜〜金曜
12:00〜14:30　18:00〜21:00
最寄駅：地下鉄、DLR Bank
料理：ブリティッシュ
完成：2003年
内装：Real Studios

アラスター・マッコウとイヴォンヌ・ゴールズにより、1998年に設立されたデザイン会社。若手アーティストたちと協同して、絵画や彫刻を使った高度に芸術的なインテリアを創り上げる。代表作はロンドンのホテル、ザ・カンバーランド（172ページ）の内装、ロンドン及びマンチェスターの戦争博物館展示デザイン、ウィーンのメリディアン・ホテル内装。

予約待ち数週間の人気レストランなので、出発前に予約を入れておいた方が確実。「窓辺の席を」のリクエストもできる

　ロンドンの高層ビルは入りにくい、という話を前に書いたが、珍しい例外がこのタワー42。数年後には新築のビルに追い越されそうだが、2007年春現在、シティで一番高いビルである。1階にカフェ「リタッツァ」、24階にレストラン「ローズ24」、42階にバー「ヴァーティゴ42」（162ページ）という布陣で、外部からの訪問者を歓迎してくれる。

　ただしそれ以外の部分はオフィスとして使用されているため、警備が非常に厳しい。カフェを除いて、予約必須。入る時はビルの受付で予約の確認がなされ、空港と同じシス

緑、茶、薄紫のテーマ・カラーは、野菜のアーティ
チョークの色と呼応している

床から天井までのフルサイズの窓から、ロンドンの新
ランドマーク、ガーキンが間近に見える迫力の眺望

テムの手荷物検査を受け、金属探知機をくぐ
らなければならない。以前は身分証明書の提
示を求められたというから、念のためパス
ポートを持っていった方がいいかもしれない。

　こうしてものものしい警備を無事通過し、
晴れて怪しい者扱いを逃れたなら、エレベー
ターでいざ24階へ。ローズ24では、ロンド
ンの街を眼下に見下ろしながら、ミシュラン
の星を持つ有名シェフ、ギャリー・ローズの
英国料理を楽しむことができる。

　この場所には以前、経営の異なる会員制レ
ストランがあり、その設計を手がけたのがフ
レッチャー・プリースト・アーキテクツだっ
た。ローズ24のオープンにともない、リア
ル・スタジオズというデザイン会社が内装を
新たにした。

　「このすばらしい眺望があれば、主張の強
いデザインは不要。ただ抑制のきいたエレガ
ンスがあればいい」という発想のもと、テー
マ・カラーが緑、茶、薄紫という控え目な3
色に設定された。加えて、上品なグラフィッ
ク、彫刻、写真などが配されている。

　若手アーティストたちを起用して、空間を

ギャラリーのように仕立てるのは、リアル・
スタジオズの得意とするところ。窓外の景色
を堪能したら、店内のアートにもご注目を。

さりげなく配されたアート作品にも注目を

YAUATCHA
ヤウアッチャ

フランスの気鋭の建築家、インテリア・デザイナー。自然建材を使った洗練されたモダニズム・デザインが特徴。代表作はハッカサン、ヤウアッチャ、ニューヨークのマーサー・ホテル。またカール・ラガーフェルドなど多数のセレブ・デザイナーから自宅設計を任され、話題に。テムズ＆ハドソン社からインテリア作品集「メゾン（Maison）」が出ている。

15 Broadwick Street London W1
020-7494-8888
営業時間：レストラン
月曜〜金曜　12:00〜23:00
土曜　11:00〜23:00
日曜　11:45〜22:00
ティ・ルーム
月曜〜土曜　11:00〜23:00
日曜　11:00〜22:00
最寄駅：地下鉄 Oxford Circus/Piccadilly Circus
料理：モダン・チャイニーズ
完成：2004年
内装：Christian Liaigre

地下のレストラン。照明使いがユニーク

　店名を分解するとヤウ・アット・チャ。ヤウさんお茶を飲む。ということで、ここはヤウ店主のティハウス。飲茶もやっている。

　アラン・ヤウは香港出身の実業家で、90年代初めからワガママ（ラーメン）、ブサバ・イータイ（タイ料理）、ハッカサン（中華料理）を次々に出店し、アジア料理の新しい味と店舗環境とを提案し続けてきた。

　ヤウアッチャは、ハッカサンに続く中華第2弾プロジェクトだ。料理は、味も見た目もとびきりお洒落。値段が中華街の2〜4倍しようとも、つい通ってしまうおいしさだ。

　インテリアも斬新。フランス人建築家のク

リスチャン・リエーグルは、地下のレストランを深海の水族館のような雰囲気に仕立てた。四方を囲むブルーと半透明のガラスは、巨大な水槽のよう。客たちは食事をする深海魚といったところか。照明を落とした店内で、星に見立てた天井の細かなライトと、壁のニッチに埋め込まれたキャンドル型のライトが、繊細な輝きを放っている。

　家具に見られるピンク、ターコイズ、グレーという不思議な色の組み合わせは、中国の原色使いをモダン・フレンチ風にアレンジした結果だろうか。石や木を使い、色を抑えた自然派モダニズムの作風で知られるリエーグ

1階のティー・ルーム。ブルーのガラスの向こうは厨房。忙しく立ち働く料理人たちのシルエットが、映像パフォーマンスのように見える

家具製作も手がけるリエーグルは、英仏米など世界5カ国で直営家具店を経営。ヤウアッチャの家具も、もちろん彼の作

ルにしては、これはかなり異色の作品だ。むしろ、黒とグレーで構成された洗面所の方が、彼の定番デザインに近い。

　食事が終わって1階へ上がると、そこはティ・ルーム。同じ水族館風でも、こちらは太陽光が入る明るい水槽だ。ガラスケースの中に、食用バラのピンクや抹茶の緑やすぐりの実の赤で彩られたオブジェのようなケーキが

並ぶ。深海魚たちは美しいエサに釣られて、ここで再び財布を取り出してしまう。

　さて、このレストランはリチャード・ロジャース設計のビルの中にある。入口脇では「いかにもロジャース」なハイテク・エレベーターが昇降しているので、ちょっと見上げてみるのをお忘れなく。

ガラスケースの土台はイタリア産大理石。ケーキ作りはフランス人パティシエが担当している

ショーウィンドーではケーキの箱、店内ではティ・キャディと裏方的雑貨を巧みに装飾要素に使っている

SKETCH
スケッチ

9 Conduit Street London W1
0870-777-4488
www.sketch.uk.com
営業時間：レクチャー・ルーム
火曜〜金曜　12:00〜14:30　18:30〜24:00
土曜　18:30〜24:00
グレード
月曜〜土曜　12:00〜17:00
スペース毎に営業日、時間が異なるので、
他はウェブサイトで確認を
最寄駅：地下鉄 Oxford Circus
料理：モダン・フレンチ
完成：2002年
内装：Mourad Mazouz + Gabhan O'Keeffe,
Noe Duchaufour-Lawrence and Jurgen Bey/ etc

モーラッド・マゾーズはフランス系アルジェリア人実業家。ロンドンではすでにセレブ御用達北アフリカ料理店、モモを所有して有名。モモに続きスケッチでもデザイン面で総指揮をとった。主要スペースの内装を手がけたのは、いずれも家具／インテリア・デザイナーとして躍進中のギャバン・オキーフ、ノエ・デュショフール・ロレンス、ユルヘン・ベイ。

メイン・レストラン「レクチャー・ルーム」。デザインはマゾーズ＋オキーフ。オキーフはアフリカ育ちのヨーロッパ人で、色彩豊かな贅沢空間作りで知られる。壁はパッドの入ったレザー張り。一部にミラー・タイルも使用。ベルベットのアームチェアとタフタ張りのランタンが空間に柔和な暖かさをもたらしている

　ロンドン一高く、ロンドン一きらびやか。どこをどう切り取っても「ロンドン一」豪華絢爛な食の複合施設、それがスケッチだ。レストランが3つと、バー、ギャラリー、パーラー、それにロンドン一有名な2つの美しいトイレ（！）という構成。さらには会員にしか明かされていない小部屋があったりもし、数度通ったくらいでは全貌がつかめない迷路のようなフード・ワンダーランドである。

　オーナーは、実業家モーラッド・マゾーズと、本国フランスでミシュラン3ツ星を持つ敏腕人気シェフ、ピエール・ガニェール。「料理とアートと音楽の殿堂を作りたかった」というマゾーズと、「料理はアートである」を標榜するガニェール。スケッチは、こんな2人から生み出された。

　ビル自体は 18世紀後半のクラシカルな建築。それをマンサー・プラクティスが改装。

「ギャラリー」。デザインはマゾーズ＋デュショフール・ロレンス。昼はビデオアートのギャラリー、夜はレストラン、深夜はＤＪバーと忙しく回転する。部屋の四方をスクリーンが囲む。映像を生かすために家具と壁は白で統一されている

新設されたレストラン「グレード」。緑、茶色、夕陽の赤でグレードすなわち「森の中の湿原」の雰囲気を出している。ランチのみの営業で、スケッチの中では一番リーズナブルな値段

さらにマゾーズが起用したおびただしい数のデザイナーやアーティストが内装にたずさわり、高度にアーティスティックな空間が仕上がった。メイン・レストランは映画セレブたちの邸宅の内装で知られるギャバン・オキーフが担当、受付のデスクはロン・アラッドの作品で……といった具合だ。

　個々のスペースには「ライブラリー」とか「ギャラリー」とか「レクチャー・ルーム」とか、まるでここが大学か博物館であるかのような名前がつけられている。

　スケッチ全体のコンサルタント・シェフをつとめるガニェールのコース料理は、小鉢盛りがたくさん出てくるモダンなフレンチ懐石風。大味、大盛りのイギリス料理とは違った繊細さが、日本人の舌には嬉しい。

　マゾーズは、スケッチを「決して描き終わらない絵」に見立て、いつまでも手を加え続ける。2005年秋にはバーをひとつつぶして、新しいレストラン「グレード」を作り、同時に「パーラー」の大改装を果たした。

　美食と芸術の殿堂スケッチは、五感でフルに楽しみたい。

「パーラー」。ロッテルダム・シーンの重要デザイナー、ベイの手がけたモダン・クラシカルな内装を基に、マゾーズが自ら改装。明るくエレガントな「喫茶室」が、ブロンズ色の壁のややダークな「夜の居間」風に作り変えられた。ウィークデーは朝８時から営業しており、朝食、軽食、喫茶に対応

ジュエリー・デザイナーのメブズ・ヤクーブのクリスタル作品が、壁中ふんだんにはめ込まれたトイレ。全館の中で、最も派手なのはここかもしれない

NOBU
ノブ

19 Old Park Lane London W1
020-7447-4747
www.noburestaurants.com
営業時間：
月曜〜金曜　12:00〜14:15　18:00〜22:15
土曜　12:30〜14:30　18:00〜23:15
日曜　12:30〜14:30　18:00〜21:45
最寄駅：地下鉄 Hyde Park Corner
料理：モダン・ジャパニーズ
完成：1997年
内装：United Designers

キース・ホブスを中心に1994年に設立された建築会社。自社内に家具製作部門があり、包括的かつ細部まで妥協のない仕事をすることで定評がある。「流行はすたれるがスタイルは残る」がモットー。ホテルの代表作はロンドンのザ・メトロポリタン、ＮＹパラマウント。レストランではノブ、ウボン。西インド諸島のスパ・リゾートも手がける。

丸テーブルに背もたれの丸い椅子。さりげなく心地よさが計算されている

　おなじみノブ・マツヒサ（松久信幸）が料理とプロデュースを手がけるレストラン・チェーン、ノブ。和食と南米料理のフュージョンという画期的な新スタイルと入念な仕事で、世界的に高い評価を得ている。現在日欧米に16店舗を数え、内3店がロンドンにある。

　ホテル、ザ・メトロポリタン（190ページ）の2階にあるノブは、ロンドン第1号店。都心にありながら緑のハイド・パークを望む最高の立地、業界人や芸能人の出入りの多いホテルの中ということもあり、ここは開店と同時に有名人たちの溜り場となり、今でも予約がなかなか取れないことで有名だ。

　設計は、ホテル全体を手がけたユナイテッド・デザイナーズ。白木を基本に、ミント・グリーンや深い青を配した店内は、派手な客人たちとはややイメージを異にする、静謐な落ち着きを見せている。淡色使いのミニマルなインテリアだが、このミニマリズムは、単に余分なものを削ぎ落とした簡素さでなく、

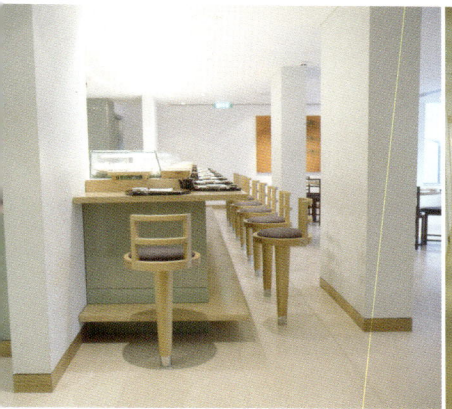

スシ・カウンター

白木とガラスが、目の前のハイド・パークの緑の空気感を反射してさわやか

無の空間に意味がある日本古来の「間の美学」に通じるものがあるように感じられる。

　日本の田舎家や漁村を模したニューヨーク店などと比べ、ことさら和風が強調されているわけではないが、こんな微妙な形で日本の伝統精神を感じさせる点がおもしろい。

　ユナイテッド・デザイナーズのクリス・ウェブ曰く「複雑なことをやって複雑に見せるのは簡単ですが、我々はとても複雑なことをやって、それをシンプルに見せる。これが実は難しいんです」。こんな姿勢に間の美学を生む秘密が隠されているのかもしれない。

　ロンドンのノブ系列店、あとの2軒はドックランズにあるウボン（Ubon　住所：34 Westferry Circus London E14　電話：020-7719-7800）と、予約不要行列覚悟のノブ・バークレー・ストリート（下の写真参照）。気分と用途に合わせてノブを使い分けよう。

ホテルとは別にノブ専用の入口がある

こちらはデイヴィッド・コリンズがデザインしたノブ・バークレー・ストリート　住所：15 Berkeley Street London W1　電話：020-7290-9222

THE WATERWAY
ザ・ウォーターウェイ

54 Formosa Street London W9
020-7266-3557
www.thewaterway.co.uk
営業時間：月曜〜金曜　12:00〜23:00
土曜、日曜　10:30〜23:00
最寄駅：地下鉄 Warwick Avenue
料理：ガストロパブ・フード
完成：2002年
内装：Waugh Thistleton

アンドリュー・ウォーとアンソニー・シスルトンの2人により設立されたロンドンの建築会社。アトリエ、ギャラリー、クラブが続々オープンして若者の街として活気づく北東ロンドン、ホクストン近くにオフィスを構え、仕事もこのエリアが多い。工場の住宅転用、住宅新築、バー、レストランの内装、映画館改装などで、地元再開発の活性化に貢献している。

手前がドリンキング・エリア、奥がダイニング・エリア

イギリスの伝統のパブというと、煙草の煙のしみこんだ古い壁紙、大きな暖炉の前に寝そべった猫、といったのどかなオールド・ファッションぶりが魅力だ。店内は薄暗く、空気はよどんでいるが、濃く親密な空間がそこにある。飲食の主役はビールで、料理はあくまで脇役。出るところもあれば、出ないところも。出るところでも、大体ソーセージ＆マッシュのような変わり映えしない旧来の英国料理。出ないところでは、人々が何も食べずにひたすら飲み、立ったまま何時間も仲間と大声で喋り続ける。いつもながら、そのとてつもない体力に感心させられる。

こんな伝統のパブ・シーンに変化が現われたのが、ミレニアムの頃。料理重視の「ガストロパブ」が出現したのだ。ヨーロッパや地

天窓のあるダイニング・エリア

小ぶりのモダンな暖炉

中海のテイストを取り入れて料理にひねりをきかせ、飲み物もビールだけでなく、ワインやカクテルを各種そろえる。内装も料理に合わせて、モダンに一新したところが多い。

そんな新型パブの好例が、ここザ・ウォーターウェイ。ウッディなインテリアは明るく風通しがよく、旧来のパブのどんよりした空気と好対照をなしている。ダイニング・エリアとドリンキング・エリアの間をどっしりした木のパネルが仕切り、この威風堂々たるたたずまいが全体のアクセントとなっている。

さらに、床、テーブル、カウンターと、同じ軽い色調の木材が続き、天窓からは自然光が入る。同じ「のどか」でも、こちらはすがすがしいのどかさだ。

木を使ったダイナミックな表現は、ウォー・シスルトン社の特徴的な手法で、彼らの手がけた他のバーや住宅にも頻繁に見られる。

椅子、ソファ類は、手ざわりのよい革製。「最高の素材を使い、コンテンポラリーでありながら、デザイン的にも機能的にも耐久年数の長いものを作りたい」と彼らは話す。

小ぶりの暖炉、すっきりしたビール・ポンプの配列、こうしたディテールを、昔ながらのパブと比べてみるのもおもしろいだろう。

さびれていた古いパブを、現オーナーが工費18万ポンドで改装した。パディントン・ウォーターサイド（24ページ）から運河沿いを歩いて約15分。新建築群見学の帰りに立ち寄ってみては

グランド・ユニオン運河沿いというすばらしい立地を生かして、外は広々としたテラス席。バージュと呼ばれる色とりどりの運河ボートが、目の前をゆっくりと往き交う

PEARL

パール

252 High Holborn London WC1
020-7829-7000
www.pearl-restaurant.com
営業時間：月曜〜金曜　12:00〜14:30 18:00〜22:00
土曜　18:00〜22:00
最寄駅：地下鉄 Holborn/ Chancery Lane
料理：モダン・フレンチ
完成：2004年
内装：United Designers
138ページ参照

パーリーなシャンデリアがやわらかく輝く。「男ばかり」だったのが、今では女性客も増えた

　パールを見つけたのは、冬の夕暮れ時、ホルボーンから東に向かって歩いていた時だった。ルネッサンス・ホテルの1階を占めるこのレストランの窓という窓から暖かい光が漏れ、中を覗くと、真珠のような淡いピンクのシャンデリアが連なって輝いていたのが印象的だった。外から見た内観のドラマ性が充分に計算されていて、ここはいつ見ても美しいが、なぜか冬の暮れ方が一番いい。

　中へ入ると客もウェイターもソムリエも、全員が出演者となるドラマの舞台。内装のポイントはずばり重厚なダーク・ブラウンと可憐なパーリー・ピンクの2色の組み合わせだ。設計を担当したユナイテッド・デザイナーズのクリス・ウェブに、デザイン・ポリシーを聞いてみた。

　「ここは元々保険会社の受付ホールだったので、白く、堅苦しく殺風景でした。その後QCというレストランに改装されましたが、そこにもこの雰囲気が残っていました。その上、客は場所柄弁護士に銀行家と男ばかり。我々がパールへの再改装を請け負った時にまず考えたのは、この殺風景さを一掃し、ソフトで暖かいムードを作ろうということでし

バー・エリア。上等のワイン各種、またポートワイン
もたくさんそろっていることで有名

パールの名前は元ここにあった「パール保険会社」から

元保険会社の重厚な造りをうまく生かしている

た。セクシーなレストラン、と呼べるところ
まで持っていけたらと」

　この目標はみごと達成され、ロンドンでも
指折りのグラマラスなレストランが誕生し
た。店名でもある「パール」は、建築上の重
要なキーにもなっている。

　「照明のデコレーションやビーズのカーテ
ンは、もちろんパールを意識したもの。バ
ー・テーブルに真珠母貝をあしらったりと、
実際に建築材料としてあちこちでパールを使
っているんですよ」

　料理の方は、アメリカ生まれイギリス育ち
の日本人シェフ、ジュン・タナカによるモダ
ン・フレンチ。ロマンチックなインテリアと
料理の繊細な味わいとが、よく調和しあって
いる。

ZAIKA
ザイーカ

デイヴィッド・ダルマーダを代表とするロンドンの建築、インテリア・デザイン会社。小規模ながらも、色使いに特徴のある洗練されたレストラン・デザインで名を馳せている。ザイーカのほかに、赤、黒、青をテーマ・カラーにした同じモダン・インディアンのデヤ、赤と青をポイント・カラーにしたイタリアン・レストラン、フィオーレが有名。

1 Kensington High Street London W8
020-7795-6533
www.zaika-restaurant.co.uk
営業時間：
毎日　12:00〜14:45 18:00〜22:45
（日曜　〜21:45）
土曜　18:00〜22:45
最寄駅：地下鉄 High Street Kensington
料理：モダン・インディアン
完成：1999年
内装：David d'Almada Designs

巨大なシーリング・ライトをアクセントにしたダイニング・ルーム

　アマヤ、デヤ、ミントリーフ……。モダン・インディアンと呼ばれるレストランが、ここ数年ロンドンでずいぶん増えた。それでも原点回帰をするとなると、いつも帰るところはザイーカだ。味も見た目も新しいモダン・インディアンをいち早く提唱し、イギリスにおけるインド料理のイメージを一変させ

たレストランだ。

　インテリアも、むろん料理の新しさに呼応するもの。まず建物正面からして、インド伝統の浮彫りのある木製パネルと、モダンなデザインのガラスの看板とが拮抗しているのが見られる。

　ダイニング・ルームの基本デザインは、実

ダイニング・ルーム。料理同様、インテリアもインド
と西洋のフュージョン

すわり心地のよい椅子を配したバー・エリア

際のところ、モダンなイギリスのレストラン
と何ら変わるところがない。スタイリッシュ
な椅子とテーブルが並び、壁には実にイギリ
ス的なオークの羽目板。装飾的な高い天井な
ど、このビルがかつて銀行だった時代の面影
を残す部分さえある。こんな非インド的イン
テリアにインド風味を加えているのが、イン
ドの小物たち。象の置き物や鏡、インド模様
のガラスなどが、隠し味のスパイスのように
効いているのだ。

　さらにもっと深い部分でインドを感じさせ
るのが、店内の色味。大地の色、同時にイン
ド料理の色でもある赤と茶色を意識的にベー
スに使ったという。これにラズベリーやブル
ーベリーを思わせるベリー系の色彩を加え、
全体をひねりの効いたアーシー・カラーに仕
立てた。大地の上に花も実もある構図だ。

かくして、軽やかでモダンなインド・レス
トランができ上がった。エスニックな木彫り
細工や熱帯樹で埋まっていた濃く、暗く、重
かった従来型に比べ、すべてがすっきりとラ
イトな仕上がりだ。

　設計は、デイヴィッド・ダルマーダ。東洋
と西洋、古いものと新しいものが4方向から
交錯するインテリアを手がけたこの人が、実
はインド人でもイギリス人でもなく、ブラジ
ル人だというのが何ともおもしろい。

こちらもバー・エリア。クッション類がきれいなベリ
ー系の色でまとめられている

入口。浮彫り模様の木製パネルは、建築家自らインド
で買い付けてきたもの。店名のザイーカとは「洗練さ
れた味」の意味

PLATEAU
プラトー

テレンス・コンラン卿を総帥とするコンラン・グループの建築／内装部門。最大の仕事はバトラーズ・ウォーフの再開発。巨大な倉庫群を改装し多数のコンラン系レストランとデザイン・ミュージアムを設立。一大「コンラン文化地帯」を創出し、英国デザインの近代化に多大な影響を及ぼした。世界中の系列飲食店設計他、六本木ヒルズ設計にも一部参画。

4th Floor Canada Place London E14
020-7715-7100
www.danddlondon.com
営業時間：レストラン
月曜～金曜　12:00～15:00　18:00～22:30
土曜　18:00～22:30
日曜　12:00～16:00
バー＆グリル
月曜～土曜　12:00～23:00
日曜　12:00～16:00
最寄駅：地下鉄、DLR Canary Wharf
料理：モダン・フレンチ
完成：2003年
内装：Conran & Partners

人工の星だけでなく、空の星にも注目。ここでは月に一度「占星術夕食会」なるユニークなイベントが催される。占星術とアロマ・オイルについての講座に5コース料理と飲み物が付く。要予約

1980年代に盛んに進められたテムズ河南東岸バトラーズ・ウォーフの再開発は、古いレンガ建て倉庫群の改装が主だったが、90年代から再開発が活性化したドックランズ、カナリー・ウォーフでは、高層ビルが次々と新築され、ロンドン初のスカイスクレーパー・タウンの出現を見た。

シーザー・ペリによるロンドン一高い（2007年春現在）カナリー・ウォーフ、フォスター・アンド・パートナーズのHSBCビルなど、主だったビルだけで約30棟。さらに建設ラッシュはとどまるところを知らず続いている。

このロンドン近未来地帯でビル・ウォッチングをするのにうってつけの場所が、プラトー。カナダ・プレイスという総ガラス張りの美しいビルの最上階を占めるレストランだ。

このビル自体は低層だが、周囲を光り輝く

設計者はオリーブの色を意識して、店内にほのかな緑、茶、グレーを使った

バー・エリア

ガラスの高層ビルに囲まれ、見上げる景色は壮観そのもの。とりわけ夜景のすばらしさは、何にもたとえがたい。本当は盛大に灯されたオフィス・ビルの明りにすぎないのだが、ロンドンの宵闇の中で、これらの明りは「中庭に降りた満天の星」のようにきらめく。都市にしかない人工的ロマンティシズムにあふれる景観だ。

　経営は、バトラーズ・ウォーフ制覇後、ドックランズにも進出してきたコンラン・レストラン・グループ（現在の名称はD＆Dロンドン）。料理はモダン・フレンチ。系列のコンラン＆パートナーズが手がけた内装は、エーロ・サーリネンのチューリップ・チェア、ハリー・ベルトイアのクローム・チェア、デイヴィッド・メラーの57年製カトラリーと、ミッド・センチュリー家具・雑貨で統一されている。「50年代マンハッタンのグラマラスな魅力を取り込みたかった」とか。

　50年代の人々が想像した「未来のレストラン」とは、もしかしてこんな場所だったかもしれない。

ビル街の「満天の星」を眺めて

プラトーが入っているビル、カナダ・プレイス。チャップマン・テイラー社の設計で、2002年に完成した

WAPPING FOOD
ウォッピング・フード

1979年、ロンドンで設立された建築会社。代表のジョシュア・ライトはオーストラリア出身、ウォッピング・プロジェクトの総監督ジュールズの夫でもある。このプロジェクトは、新ギャラリーの設置など現在も進行中。他にバンクサイドの集合住宅など、中規模モダン建築物の新築・改装が多い。「建材固有の特徴を素のまま生かす」手法にこだわる。

Wapping Hydraulic Power Station Wapping
Wall London E1
www.thewappingproject.com
020-7680-2080
営業時間：
月曜〜金曜　12:00〜15:30　18:30〜23:00
土曜、日曜　10:00〜12:30　13:00〜16:00
19:00〜23:00（土曜のみ）
最寄駅：地下鉄 Wapping
料理：モダン・ヨーロピアン
完成：2000年
設計：Shed 54 Limited

レストラン、ウォッピング・フード。素材にこだわったモダン・ヨーロピアンのメニューは、日替わり。家具もシーズンごとに入れ替わる

　錆びついた巨大なエンジン。縦横に走る銀色の送水管。重油の臭いのするボイラー。ウォッピング・プロジェクトのビルは、昔のインダストリアル建築物の面影を色濃く残している。

　元の建物は、19世紀末に建てられた水力エネルギー供給所。電気がまだ一般化していなかった時代、水圧を利用して動力を起こした、古めかしいシステムである。施設は1977年に閉鎖され、荒れるがままになって

レストランとパフォーマンス・スペースの間には境目
がない。食事中いきなり横で前衛舞踏が始まることも

工場のようなギャラリー・スペース

いた。

　この場所を約20年後に入手し、とてつも
ない改造事業を企てたのは、プロの開発業者
でなく、ジュールズ・ライトという一人の女
性だった。演劇の舞台監督である彼女は、資
金難にもめげず、長年の夢だった「インダス
トリアル環境内の創造的空間作り」をここで
実現する。ギャラリーとパフォーマンス・ス
ペースとレストランから成る、ウォッピン
グ・プロジェクトの誕生である。

　大規模な修復工事と改造を手がけたのは、
建築／内装会社のシェド54社。レストラン、
ウォッピング・フードはまさに、レトロ・モ
ダンな工場内晩餐会場、といった感じの仕上
がりだ。床はスレート、仕切りにはガラスと
スティールを使用。家具はヴィトラ社製品。

建物の重量感と、これら新素材の軽さの対比
がおもしろい。一方、ギャラリー部分などは
元のスペースにほとんど手を加えずに、修復
工事をほどこしただけ、と見受けられる。

　ここを訪れた人は「資金難こそ、この建物
をおもしろくしている」と口々に言う。資金
難のおかげで、内部が過剰に装飾されること
なく、インダストリアル・ビルのダイナミズ
ムがそのまま残され、それこそがこの場所の
持ち味となっているからだ。

　オープンから7年以上たった今も、まだ改
造が進行中。資金難ゆえ全工事を一気にでき
なかったからにほかならないのだが、これと
ても資金難が私たちに与えてくれた、変容す
るビルを見続ける楽しみ、と言えるのではな
いだろうか。

屋上の野外スクリーン。ウォッピング・プロジェクト
で紹介されるアートは映像、写真、オブジェ、インス
タレーション、パフォーマンス、詩、と多彩

外観。倉庫や工場跡の再開発が進むウォッピングは東
ロンドンにある

UMU
ウム

代表のトニー・チは台湾出身。アーバン・デザインを学び、1984年ニューヨークに建築／インテリア・デザイン会社を設立。東西両文化に通じた先鋭的感覚を武器に、ホテル、レストラン・デザインのトレンドセッターとして世界的に活躍する。シカゴ・パークハイアット内ＮｏＭＩレストラン設計、ジュネーブ・インターコンチネンタル・ホテル改装など。

14-16 Bruton Place London W1
020-7499-8881
www.umurestaurant.com
営業時間：
月曜～金曜　12:00～14:30　18:00～23:00
土曜　18:00～23:00
最寄駅：地下鉄 Bond Street/ Green Park
料理：京料理
完成：2004年
設計：Tonychi and Associates

丸太を大胆に使ったログ・テーブルと、竹の形のガラスのオブジェ。どちらも実用性はなく、純粋に装飾アートとしてそこにある

「ロンドン初の京料理の店オープン！」ウムの開店はイギリスのメディアでも大きく取り上げられた。実際のところ、一般の和食と京料理の違いがわかるイギリス人がどれだけいるか定かではないが、出自のあやしい「ジャパニーズ・レストラン」が増えている昨今、「本物の味」を伝えてくれる店ができるのは喜ばしいことだ。

シェフ、久保田一郎のこだわりはなかなかすごい。京野菜など素材の一部はもちろん、水まで日本から取り寄せている。こうして、海外では難しい完璧な京都の味の再現に力を尽くすのだ。

インテリアを手がけたニューヨークの売れ

ハイテク時代に流行したライラックなどの中間色に続き、今はダーク・ブラウンと赤の取り合わせが一種のトレンドとなっている

木造りの店内は凛としたたたずまい。奥にはワイン300種、酒70種の揃った大きな酒蔵ならぬ「酒クーラー」がある

っ子デザイナー、トニー・チも、アーティスト気質のこだわり派である。最高級の自然建材しか使わないと豪語する彼の姿勢は、久保田の料理と通じ合うものがあり、店に入ると両者の本物志向が気持ちのよい緊張感を生み出しているのが感じられる。

ダーク・トーンの木に囲まれた店内は落ち着いた雰囲気だが、さまざまな「アート作品」がそれに華やぎを加えている。入口近くにあ

る巨大なログ・テーブルは、韓国人彫刻家ツェ・ヒョ・リー（Jae Hyo Lee）の作品。天井に並ぶ竹の形のオブジェは、アメリカのアーティスト、エトキン・フィッツジェラルドが１本１本手作りしたもの。イタリアのムラノ・グラス製で、中に銀を封じ込めてある。

食器はイギリス在住の陶芸家長谷川恵子の作で、漢字の「生」を使った店のロゴは、書家紫舟の手になるもの、と日本人アーティストの貢献も大きい。

つまるところ、ここはニューヨークを本拠に世界で活躍する台湾出身のインテリア・デザイナーがロンドンにふさわしいと考えるモダン・キョートのイメージなのである。この目のくらむ多国籍性と、ただシックなだけではないはじけた感じを、料理と一緒に堪能したい。

テーブル、カウンター、プライベート席合わせて60席

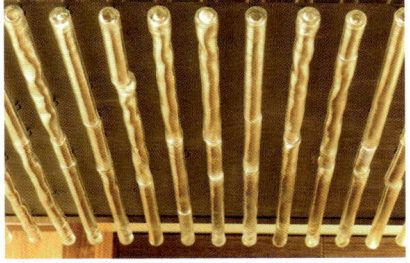

ガラスの竹の制作者フィッツジェラルドは、他にも多くのホテル、レストランでトニー・チとコラボレートしている

HOXTON APPRENTICE
ホクストン・アプレンティス

16 Hoxton Square London N1
www.hoxtonapprentice.com
020-7749-2828
営業時間：
月曜〜金曜　9:00〜23:00
（土曜　11:00〜）
日曜　11:00〜22:30
最寄駅：地下鉄、ナショナル・レイル
Old Street
料理：モダン・ヨーロピアン
完成：2004年
内装：Paul Daly Design Studio

代表のポール・デイリーはアイルランド生まれ、アフリカ育ち。ロンドンのゴールドスミス・カレッジ卒業後、80年代末からインテリア／プロダクト・デザインの仕事を開始。ホクストンに住みながらホクストンをデザインし、街の個性確立に貢献。他のエリアでもファンキーなバー、クラブを多数手がける。オリジナルの家具や照明も世界的に人気。

1階は60席のダイニング・ルーム、2階に30席のバー。夏は外のテラス席も開放される。食事代の高いロンドンにあって、ここの値段はリーズナブル。ディナーだけでなく、ランチも予約を忘れずに

「ホクストン」といえば、今若者の街として最も活気みなぎる北東ロンドンの一角。「アプレンティス」とは、職業訓練生。ということで、2つを合わせたホクストン・アプレンティスは「職業訓練を受け、失業者からシェフに育った人たちが活躍するトレンディ・エリアのレストラン」となる。

先に有名になったジェイミー・オリヴァーの職業訓練レストラン「フィフティーン」と基本システムは同じ。ホクストンの方はトレーニング・フォー・ライフというチャリティ団体の運営で、ジェイミーのようなスター・シェフはいないが、両方とも「失業者の経済的自立を促す」社会活動でありながら、エリアもインテリアもメニューもとてもお洒落な点で一致している。

元カトリック系の小学校だったネオ・ゴシック建築をレストランに改造したのは、地元のデザイナー、ポール・デイリー。建物はE.W.ピュージン（19世紀の有名な建築家オーガスタス・ピュージンの息子）の設計で、第2級歴史的建築物指定を受けているため、外観や構造への勝手な変更を許されず、相当に制約の多い改造だったようだ。

しかし、デイリーはこれを逆に生かし、いかにも教室にありそうな木製のテーブルと椅

元教室だったダイニング・ルーム

デイリーのバー、レストランにはアメリカン・レトロやキッチュなディスコ風もあり。それらに比べ、ホクストン・アプレンティスはレトロ・シックな味わい

子、ステンドグラスで「元カトリック系小学校」の雰囲気を強調した。これにデコラティブなハンギング・ライトやバロック風ミラーを加え、全体をエレガントに。自社製オリジナル家具と世界各地から集めたオブジェを組み合わせる手法は、彼の手がけるインテリアの随所に見受けられる。

　ＢＢＣのインタビューに答えて、彼はこの店のインテリアについて次のように話していた。

　「1988年以来ずっとここに住んでいる僕が、ホクストンの住人の求めるものを一番よく知っている。飾りすぎず、しかしどこかゴージャスで、気取りがないこと。これなんだ」

　確かにこれはホクストンの店舗インテリア全体の傾向をよく言い当てている。

教室を思わせる木の椅子とテーブル

レストラン入口。向かいにあるバー、ジークフリートもデイリーのインテリア。この2軒にホワイト・キューブ（70ページ）を加えたホクストン・スクエアの3軒だけで、半日楽しめる

CHEYNE WALK BRASSERIE

チェイニー・ウォーク・ブラッセリー

50 Cheyne Walk London SW3
020-7376-8787
www.cheynewalkbrasserie.com
営業時間：
毎日　12:00〜24:00（ランチ12:00〜15:00、ディナー
19:00〜22:00　他の時間はサロンでの軽食、コーヒー、
ドリンク。月曜のランチと日曜のディナーは休み）
最寄駅：地下鉄 Sloane Square から19番、319番のバス
料理：フレンチ
完成：2003年
内装：Shaun Clarkson ID

ファイン・アート畑出身のショーン・クラークソン率いるインテリア・デザイン会社。コヴェント・ガーデンのバー、デニムでブレイクし、その後トーキョー・ジョーズ、ポップなどカッティング・エッジな内装のバーを次々と生み出し、ロンドンにおけるバー・デザインの第一人者に。近作ソーホーのゲイバー、ショーン＆ジョーもゴージャスな装飾が話題。

メイン・ダイニング・ルームの清楚なテーブル周り

フランス的な色使いが新鮮

2階のサロン。地元のマダム、ムッシューたちごひいきの場所だが、彼らだけに占拠させておく手はない

　普通のパブが、パブの新型「ガストロパブ」に転身した例としてザ・ウォーターウェイをご紹介したが、こちらはパブがフレンチ・ブラッセリーに成り変わった珍しい例。

　元の建物は、ビクトリア時代にできたパブだった。外観を見ればわかるとおり、パブの造りはそのまま残されている。その上からクリームとミント・グリーンでペイントし、外壁にBRASSERIEの文字を入れ、プードルの看板をかけると、すっかりフランス風になるからおもしろい。

　内部もパブの構造はそのままに、インテリアだけ完全にフランス化されている。デザイナーのショーン・クラークソンと、ここのオーナーが目指したのは「南仏のレトロ・フューチャリスティックなブラッセリー」。スカイ・ブルーのシート、真紅のランプ・シェイド、そしてミント・グリーンの壁と、イギリス人が絶対に使わないような配色が新鮮だ。

　レストランより気軽なブラッセリーらしさ、ノスタルジアと新しさの両方を感じさせるデザインを追求した結果、彼らは装飾することより剥ぎ取ることに至ったという。カーテンは取り付けずに、品のいい窓をきわだたせる。テーブルもシートも、アメリカのダイナー並みにシンプル。装飾的なものは唯一、18世紀のクリスタル・シャンデリアだけだ。

　2階のサロンは、誰かの家の居間を訪れたような親密な空間。真紅のソファを中心に、アンティークのテーブル、燭台、ライトが配されている。

　ここは高級住宅街チェルシーの一角。ブラッセリーは、テムズ河沿いにうっそうと茂る並木に隠れるようにひっそり建っている。川向こうには、ノーマン・フォスターのオフィスとアルビオン・リヴァーサイド（28ページ）が並ぶ。2つのビル見学のあと、アルビオンのギャラリーに寄り、このブラッセリーへ、というコースがおすすめ。

フランス化された英国パブ

MOCOTO
モコト

145 Knightsbridge London SW1
020-7225-2300
www.mocoto.co.uk
営業時間：
月曜〜土曜　12:00〜14:30　18:00〜22:30
最寄駅：地下鉄 Knightsbridge
料理：モダン・ブラジリアン
完成：2007年
設計：Isay Weinfeld

ダイナミックかつ未来感覚あふれるデザイン・センスで、ブラジル1、2の人気を誇る建築家。都市計画、住宅／店舗設計から家具製作まで多方面で活躍。大学の建築科で教鞭もとる。70、80年代には映画制作にたずさわっており、シネマチックなドラマ性がその建築作品にも表われている。モコトをきっかけに海外進出が期待されている。

1階のバー。細い木の幹を何百本も張り渡した天井に注目

　多国籍文化都市ロンドンでは、世界各国の料理が楽しめ、ザイーカ（144ページ）の例に見られるように、多くのレストランが味とデザインの両面から新しいアプローチを試みている。ハロッズ近くの一等地にオープンしたモコトも、新しいタイプのエキゾチック・レストランのひとつ。料理はモダン・ブラジリアンだ。

　サンパウロ生まれの実業家オーナーのこだわりで、ここでは料理にブラジル直送の食材が使われるばかりか、インテリアもすみからすみまでブラジル産建材で埋めつくされている。建築家ももちろんブラジル人。国内の第一線で活躍するイサイ・ウェインフェルドが起用された。

　店内に入ると、静かでいてダイナミックな木のパワーに圧倒される。地下と1階を貫通する4本の大円柱を中心に、ウェインフェルドはその周囲に、木材によるシャープな直線空間を構成した。1階のバーの天井は何百本もの細い木の幹を張り渡した造り。床材はシナモンの木などを材料にした再生素材。どこかジャングルの小屋のようでいて、同時にひどく都会的でもあり、ブラジルのイメージをブラジルの素材を用いて抽象化した、いわばどこにもない「夢の中のブラジル」といった空間に仕上がっている。

　実際彼の国内の仕事を見ると、広さを生か

地下のレストラン。椅子はリオ・デ・ジャネイロのデザイナー、セルジオ・ロドリゲスの作品

ブラジル直送の酒類が並ぶ窓辺。インテリアには木のほかに縞瑪瑙（しまめのう）、石、ジュート麻なども使われている

した未来的なデザインが多く、国外初の大プロジェクトとなったモコトのインテリアは、海外作品だけに逆にブラジルの自然を意識し、それをヨーロッパの都市向けに温度を下げて打ち出す、という二重の手順を踏んでいるように見える。

　オーナーは今後もっとラテンの熱気を持ち込みたいとの意向だが、このクールな環境をどう熱くしていくのか見もの。

　さて、メニューを開けて見慣れぬ料理名にとまどってしまったら、まずポピュラーなFeijoadinha（黒豆、ポーク・リブ、ソーセージの煮込み）を試してみてはいかが？というのが店からのアドバイス。

場所はハロッズに近い一等地

ST ALBAN
セント・オーボン

4-12 Lower Regent Street London SW1
020-7499-8558
www.stalban.net
営業時間：
毎日　12:00〜15:00　17:30〜24:00
（日曜　　〜23:00）
最寄駅：地下鉄 Piccadilly Circus
料理：モダン・サウス・ヨーロピアン
完成：2006年
設計：Stiff + Trevillion Architects LLP

20年以上の経験を持つ西ロンドン本拠の建築会社。代表作はイギリスで「トレンディ・フード」とされるラーメンの店ワガママのチェーン第1号店。それまでこの国では一般的でなかった大テーブルを大勢で囲むキャンティーン方式をハイテク仕上げで提唱し、これが大ヒット。セント・オーボンでは、細部に凝った高級感ある装飾へと変化を見せている。

入口は厳めしい青銅製のドア

「あの2人のプロジェクト」と話が伝わっただけで、新しいレストランがオープン前から注目を集めてしまう人気経営者コンビがいる。クリス・コービンとジェレミー・キング。彼らの手がけるロンドンのレストランは、ウォルスリーといいアイヴィ（現在は別経営者の所有）といい、料理の質、内装のゴージャスなことがことごとく評判になり、決まって有名人たちの押しかける場となった。

そんな現象にうんざりしたのか、彼らの5番目のレストラン、セント・オーボンは、前宣伝も派手なセレモニーもなしにひっそりとドアをあけた。にも関わらず街の話題になる

のは早かった。南イタリア出身のシェフの創作料理は非常に評判が高く、豪壮な店がまえも好評。結局、すぐに予約待ちの長いレストランの仲間入りをするはめとなった。

中心街の大通りに面しているものの、ここはレストランには不利な条件だらけのビルだった。天井が低く、造りは無粋な会議室のよう。加えて、窓が少なく自然光が入らない。そんな条件の悪い場所をアップ・マーケットのレストランに造り替えたのは、スティッフ＋トレヴィリオン社。彼らはここで、コントラストのある高級素材を対置してみせる手法をとった。つややかなラッカー・ペイント

デザイナーは天井の低さを逆手にとり、親密で温かい空間を作り上げた

人気アーティスト、マイケル・クレイグ・マーティンによる壁画。音楽用品やキッチン雑貨がモチーフ

対マットな壁材。暗い色の壁対カラフルな椅子。さらに、全体のモダンなトーンに対し、マイケル・クレイグ・マーティンのミッド・センチュリー風壁紙が奇妙な時代的対比を見せている。

　でき上がった店内は、暗くて明るく、モダンでレトロ、豪壮にしてポップ。相対する要素がぶつかり合い、凡庸な空間にきらめきが喚起される結果となった。

　そういえば、青銅製の入口はやたらと厳め

しく、要塞のようで入りにくいが、中は居心地のよさ満点。こんなハードとソフトの取り合わせも、計算されたコントラストなのだろうか。

テーブルは放射状に並んでいるが、これは自意識の高いファッショナブルな客たちがお互いを観察しあうため、という説もある

ライトアップされた夜の外観

LOUNGELOVER
ラウンジラヴァー

1 Whitby Street London E1
020-7012-1234
www.loungelover.co.uk
営業時間：
月曜〜金曜、日曜　18:00〜24:00
（金曜〜1:00）
土曜　19:00〜1:00
最寄駅：地下鉄、ナショナル・レイル
Liverpool Street
ドリンク：ワイン、カクテル、シャンペン
バー・フード：ジャパニーズ
完成：2004年
内装：Hassan Abdullah

マレーシア生まれのインテリア・デザイナー。アメリカで義務教育を修了後、渡英しロンドンの大学で法律を学ぶが、インテリア・デザイナーへの夢断ちがたく、デザイン学校へ編入。卒業後デザイン会社に勤め、後に独立。ビジネス・パートナーと共同経営するバー／レストランのインテリアで腕をふるうほか、アンティーク商も営む。

天井にクリスタルのシャンデリア、壁には王冠型照明。まるでアンティーク商の倉庫といった感じのレッド・ラウンジ。少人数のパーティに最適

「ロンドンの奇天烈空間」「ガラクタ骨董屋の美学あふれるところ」……とにぎやかな言葉で形容されるラウンジラヴァー。アンティークをふんだんに使ったエキセントリックなインテリアが話題の、東ロンドン、ショーディッチのバーである。

この店のオーナーはスウェーデン人、フランス人、マレーシア人の3人。その内のマレーシア人で、デザイナーとアンティーク商を兼業するハッサン・アブドゥラが、インテリアを担当した。

ミニマリズムへの反動をつのらせていたアブドゥラは、昔食肉工場だったこの細長いがらんどう空間で、自分の趣味を炸裂させた。

レザーを派手な色に張り替えたアンティーク・チェア、レトロなシャンデリア、古い大

キッチュなきらびやかさを持つプライベート・ルーム

ラスティック（カントリー風）・エリア。長テーブルを囲んでわいわいとバー・フードを楽しむコーナー。天井に木馬、壁には解剖図……

時計。魚の置き物の横で巨大なカバの首（剥製もどき）が大きな口を開けていたり、高価な中国の壺の隣にガラクタすれすれのオブジェがあったり。土地、時代、価値のバリアを超えた過激な折衷主義が展開している。

店内はレッド・ラウンジ、バー・コーナー、バロック・ラウンジ、ラスティック・エリアの4つのセクション及び、プライベート・ルーム、ゴールデン・ルームの2つの小部屋に分かれ、それぞれテーマを持ったデコレーションがほどこされている。

ミニマリズムの流行から何年も経たないうちに出現した、究極の反動形。ロンドン・イ

ンテリアはここからどこへ向かうのだろう、といった興味も抱かせてくれる。

ラウンジラヴァーは、3人が手がけた3軒の店のうちの1軒。姉妹店は通りを隔てて向いのフレンチ・レストラン、レ・トロワ・ギャルソン（Les Trois Garçons　住所：1 Club Row London E1　電話：020-7613-1924）と、ソーホーのバー、アネックス3（Annex3　住所：6 Little Portland Street London W1　電話：020-7631-0700）。

もちろん、どれもインテリアが見ものなのは言うまでもない。

ストゥールもユニークな、バー・コーナー

細長いスペースをセクション毎に区切った店内。タイム・アウト誌の飲食部門ベスト・デザイン賞、オブザーバー紙のベスト・プレース・トゥ・ドリンク賞など6賞を獲得

VERTIGO 42
ヴァーティゴ42

Tower 42, 25 Old Broad Street London EC2
020-7877-7842
www.vertigo42.co.uk
営業時間：
月曜〜金曜　12:00〜15:00　17:00〜23:00
最寄駅：地下鉄、DLR Bank
ドリンク：シャンペンを中心にワイン、カクテルも
バー・フード：ブリティッシュ
完成：1999年
設計／内装：Fletcher Priest Architects

1979年設立。ロンドンとケルンにオフィスを持つ。モダンな感覚と機能性・安定性を両立させた仕事ぶりが評価され、集合住宅、学校、オフィスなど大型建築の設計、改装を数多く手がける。テナントの集まらなかったタワー42は、彼らの改装により人気ビルに変容した。今後のプロジェクトの目玉はシティの大規模オフィス・ビル「ウォーターマーク・プレイス」。

まさに展望台。チェアのほかには何もない

　ロンドンの高層ビルの「背くらべ」競争は、年々熾烈さを増している。2007年春現在一番高いのが、ドックランズにあるカナリー・ウォーフ（244メートル）。1990年にこのビルができるまで、一番高かったのがタワー42（185メートル）だった。

　今はまだ着工前だが、310メートルのロンドン・ブリッジ・タワー、288メートルのビショップスゲイト・タワーの建築許可が下り、ほかにも超高層ビルの建築許可申請が続々と出されているので、数年後にはカナリー・ウォーフをはるかにしのぐビル群が林立しそうな勢いだ。タワー42のかつての「ロンドン一」の座は遠くなるばかりだが、それでもここはまだかろうじて「シティで一番」の高さを維持している。

　このビルの最上階にバー、ヴァーティゴ42はある。レストラン、ローズ24（132ページ）よりさらに18階も上。「42階のめまい」の名のとおり、くらくらするほどの高み

ここはシャンペン・バー。階下のローズ24と提携して
バー・フードも充実

近々建設開始予定のビショップスゲイト・タワーは、
ヴァーティゴ42に対抗して、43階にレストラン設置
予定とか

からの眺望がこの店のスペシャリテだ。

　とにかく見晴らしがすばらしい。障害物な
しに、ロンドン中を360度パノラマ展望でき
る。「ガーキン」（12ページ）、シティ・ポイ
ント、シティ・ホール（10ページ）といっ
た有名ビルが無名ビルや住宅と混じり合い、
模型のようにオウトツをなして地表を埋めつ
くしている。夜景の美しさも格別だ。

　内装に目を転じると、これが意外なほどに
そっけない。どこまでも青いチェアとハイ・
チェアが並ぶのみ。床も天井も同じ青色をし
ている。そのかわり、窓は目一杯大きく作ら
れ、窓辺のテーブルも透明なガラス製、と最
大限眺望を楽しめるよう配慮されている。

　主人公はあくまで窓の外。バーは、つつま
しやかに展望台役に徹しているようだ。

　ビル全体の改装をしたフレッチャー・プリ
ースト・アーキテクツが内装も担当した。

　ローズ24同様のセキュリティ・チェック
あり。予約なしでは入れないのでご注意を。

シティにひときわ高くそびえるタワー42。「ロンドン
一の高所バー」ヴァーティゴ42は最上階にある。この
ビル自体はリチャード・シーファート設計で、1981
年にオフィス・ビルとしてオープン。1997年にフレ
ッチャー・プリースト・アーキテクツが内部大改装に
加え、新棟を付設した

BIERODROME ISLINGTON

ビエロドローム イズリントン店

173 Upper Street London N1
020-7226-5835
www.belgo-restaurants.com
営業時間：
月曜〜木曜　12:00〜24:00
金曜、土曜　12:00〜2:00
日曜　12:00〜23:00
最寄駅：地下鉄、ナショナル・レイル
Highbury & Islington
ドリンク：ベルギー・ビール中心
バー・フード：ベルジアン
改装：2005年
内装：Martin Brudnizki Design Studio

スウェーデン出身のマーティン・ブルニンスキが2000年、ロンドンに設立したインテリア・デザイン会社。デザインのキーは「シンプルだが贅沢で心地よいミニマリスト・デラックス」。レストランのストラーダ、ブティックのブラウンズなど国内のほか、ヨーロッパ、バルバドスでも活躍。クライアントの意向に添い、多用なデザイン様式に対応する。

穴蔵風の心地よいスペース

　ベルゴはベルギー料理とベルギー・ビール専門のレストラン・チェーン。ロンドンでレストラン「ベルゴ」を2軒、バー「ビエロドローム」を3軒展開している。バーの方は、お値段抑え目のベルギー風居酒屋といった感じだが、どの店舗も内装が凝っているので、インテリア専門誌などで写真を見かけることが多い。

　個性的な雑貨店やカフェ、セレクト・ショップが立ち並ぶアッパー・ストリートにある

カウンターの裏側は食事用テーブル席になっている

普通の家のちょっとレトロな居間にも使えそうな照明

ビエロドロームは、昼夜とも大勢の若者たちで、大変な賑わいを見せている。

照明を落とした店内。穴蔵みたいな空洞にやわらかいソファがいくつも置かれ、リラックス・モードに誘われる。

デザイナーであるマーティン・ブルニンスキに話を聞いたところ、まさにこれこそが彼の狙いであることがわかった。

「色合いとしては、チョコレート・ブラウン、アーモンド・ホワイトの茶系をベースに、バーガンディと赤をアクセントに散らし、暖かい感じを出しました。そこへレトロな家具

を配して、完成。どの店の場合も、いつも心がけているのは、良質な素材を使い、洗練されたモダンさを出すこと。そして、何よりも心地よさを優先させます。心地よさの追求こそが、我々の仕事です」

ここでは、ランチ・タイムとディナー・タイムには食事もできる。飲み物はワインもカクテルも各種揃っているが、やはりベルギー産のホワイト・ビールやラズベリー・ビールを試したい。ふんわりとソファにすわったら、名物ムール貝とフリッター（フライド・ポテト）のオーダーもお忘れなく。

アッパー・ストリートでの買物のついでに気軽に立ち寄れる位置にある

THE BLUE BAR
ザ・ブルー・バー

代表のデイヴィッド・コリンズはダブリン出身。1985年に自社設立。日米のヴィヴィアン・ウェストウッド・ブティック、ロンドンのレストラン、チッコーニなど作品多数。ザ・ブルー・バーの常連、マドンナのニューヨークの自宅の内装を手がけて話題に。ロンドン第3のノブ、ノブ・バークレー・ストリート（139ページ）の内装で、ますますセンスの冴えた仕事ぶりを披露。

The Berkeley, Wilton Place London SW1
020-7235-6000
www.theberkeley.co.uk
営業時間：
月曜〜土曜　16:00〜1:00
日曜　15:00〜24:00
最寄駅：地下鉄 Knightsbridge
ドリンク：ウィスキー、シャンペン、カクテル、ワイン
バー・フード：タパス
完成：2000年
内装：David Collins Studio

古典的エレガンスとコンテンポラリーな美の幸福な結びつきが見られるバー。マドンナ、レオナルド・ディカプリオ、デザイナーのジョン・ガリアーノもごひいき

　5ツ星ホテル、バークレーの中にある、深いライラックの青が印象的なザ・ブルー・バー。60席とサイズは小さめだが、世界中のセレブリティやジェットセット族がひそかに集う場所として知られている。

　このバーは、ミレニアム時期に行われたバークレー・ホテルの大々的なリノベーションの一環として誕生した。ホテル全体の近代化に加えて、イギリスの実力を誇るシェフ、ゴードン・ラムジーのレストラン「ボックスウッド・カフェ」、この「ザ・ブルー・バー」、フレンチ・レストランの「ペトラス」が、その時たて続けに新オープンしたのだ。

　バーの内装を手がけたのは、今をときめくデイヴィッド・コリンズ。ロンドンのウォルスリー・レストランやクラリッジズ・バーに見られる豪奢なデザインの腕を買われ、アップマーケットのレストラン、ショップから依

この場所は以前、ロビー脇の読書サロンだった

ガラスの円盤からタッセルが下がる「枢機卿の帽子」と呼ばれるランプ・シェイド。シノワズリ風の図版と妙にマッチする

頼が後をたたない人気建築家、インテリア・デザイナーである。

　ホテルの改装は、古きを尊び新しきを取り込む、まことにイギリスらしい方式。コリンズのバーもこれに歩調を合わせた。

　彼は、20世紀初頭に活躍した建築家サー・エドウィン・ラチェンズの作である優雅な浮彫り模様のある壁材をそのまま生かしつつ、この浮彫りを含めて四方の壁を美しいライラック・ブルーで塗り込めた。そこへ同系色のレザー・チェア、補色に近い赤を使った照明を配し、さらに縞瑪瑙、雪花石膏、ワニ模様プリントのレザー、シノワズリ風図版と一風変わった素材を用いて、クラシカル・コンテンポラリー・エキゾチカといった空間を創り上げた。

　「スタイリッシュ」を一歩踏み越え、デザインを「ラグジュアリー」の域にまでぐいと引き上げる力が、この人の仕事の魅力だ。

　バーには、50種ものウィスキーがそろう。かつては葉巻をくゆらす紳士の姿も見られたが、今は禁煙となっている。ドレスコードは、エレガント・カジュアル。

2007年、メイル・オン・サンデー紙により、ここは「世界の5大バー」のひとつに選ばれた

INC BAR
インク・バー

7 College Approach London E10
020-8858-6721
www.incbar.com
営業時間：
水曜、木曜　18:00～1:30
金曜、土曜　18:00～3:00
日曜　17:00～00:30
最寄駅：DLR Cutty Sark
ドリンク：カクテル、ワイン、シャ
ンペン
バー・フード：フュージョン
完成：2004年
内装：Llewelyn-Bowen & Associates

代表のボーウェンはカンバーウェル・スクール・オブ・アーツ・アンド・クラフツ卒。BBCの「チェンジング・ルームス」などにレギュラー出演し、セレブ・デザイナーとして英国インテリア界に君臨する。1989年設立の自社ではデザインのほか、オリジナル建材、雑貨の販売も。2006年には王室所有キュー・パレスの内装を担当して話題になった。

フルーツのようにも見える、鉱物の輪切りをモチーフにしたカラフルなライトボックスが、内装のポイント。ここメイン・バーはじめ、要所要所で使われている

　ローレンス・ルウェリン・ボーウェンという長い名前のインテリア・デザイナーがいる。テレビで自分の番組を持つ有名人だが、その強烈すぎる個性のために、視聴者の間で好き嫌いがまっぷたつに分かれている。

　まず服装がすごい。初期のデュラン・デュランもかくやと思われるフリルのブラウスやら花柄スーツやらに長い髪をなびかせた中年王子様ルック。インテリアの方も服装に負けず、アクが強く、派手かつあでやかなのが特徴だ。

　こういう人にバーのインテリアを任せたら

どうなるか、という見本がインク・バー。ここはローレンスが手がけたバー第1号であるが、結果は大成功と出た。

　アクの方は適度に抑えられ、彼のエレガントでロマンティックな持ち味が前面に出ている。4つの部屋に分かれたバーはそれぞれに雰囲気が違うが、豊かな色合いと高級素材がかもす、暖かなリッチ感が共通している。

　クラシックなインテリアにカラフルなライト・ボックス、やわらかなベルベット製ストゥールにシャープな銀の額縁。こうした異素材の組合わせにも、絶妙のセンスが発揮され

2番目に大きいラリーズ・バー。絨毯はカスタム・メイド、壁紙はボーウェン自らパターンを描いた

1830年代にミュージック・ホールとして使われた建物の一部を占める。中庭では週末、グリニッジ・マーケットが開かれる

銀の額縁に入った鏡、と見えるのは実はモニターで、アーティスティックな映像が常に流されている

ている。

「インク・バーは退屈すぎるミニマリズム・デザインのレストランやバーに対する反動なのだ」というボーウェンの言葉どおり、このバーは、すみずみにまで変化のある濃い意匠が凝らされている。

オープン年に、タイムアウト誌の飲食部門ベスト・デザイン賞にノミネートされて評判に。古い港街グリニッジの新しいスポットとして、遠来の客も大勢招き寄せている。

洗面所もデコラティブ

泊まる

ホテル
コンパクト・
ホテル

The Cumberland
ザ・カンバーランド

London Marriott West India Quay
ロンドン・マリオット・ウェスト・インディア・キー

Great Eastern Hotel
グレート・イースタン・ホテル

The Zetter
ザ・ゼッター

Haymarket Hotel
ヘイマーケット・ホテル

Yotel
ヨーテル

Sanderson
サンダーソン

Myhotel Chelsea
マイホテル・チェルシー

The Hempel
ザ・ヘンペル

The Metropolitan
ザ・メトロポリタン

90年代に出現した「ブティック・ホテル」は、現在巻き起こっているロンドン・ホテル革命の初めの一歩だった。小さいながらデザイン・レベル高く、打ち解けたゴージャス感のあるこの種のホテルは、大型ホテルに味気なさを感じていた客層にアピールし、のちにホテル業界で大きな勢力に成長するまでになった。ブティック・ホテルに刺激され、さらに国中に吹いた折からのモダナイゼーションの風にあおられて、老舗や大手ホテル・チェーンがこぞってリノベーションに着手するのに時間はかからなかった。こうして、大型ホテルの部屋も「退屈な箱」からモダンで居心地のよい「特別な場所」へと変容した。レストラン、バー、スパも同時に大きくレベルアップ。中には一歩突き抜けて、大型ホテル1件をまるごとアート空間に仕立てるところまで出たきた。改造だけでなく、ドックランズなどでは未来的外観のホテルの新築も増えている。進化するホテル・デザイン。これを見守る楽しみはまだこの先長く続きそうだ。

THE CUMBERLAND
ザ・カンバーランド

Great Cumberland Place London W1
0870-333-9280
www.guoman.com
客室1000室
イベント・ルーム、会議室26室／
フィットネス・センター／レストラン／
ブラッセリー／バー
料金：ダブル£180.00くらい～（税別）
最寄駅：地下鉄 Marble Arch
完成：2004年
内装：Real Studios
132ページ参照

ショーン・ヘンリー作の彫像が点在するロビー。光の色は早朝の緑に始まり、ブルー、紫、夜のピンクへと、ゆっくり変化していく

　ガラスのドアを開けて入ると、そこは人工の光に満たされた広大な空間。人体よりやや大きめの彫像たちが、今にも歩き出しそうな、今にも宙を舞いそうな格好で静止している。周囲をせかせか歩き回る人間たちが、時の止まってしまったホテルに到着して当惑する旅人たちのように見える。

　ここはホテルのロビーというより、現代アートのギャラリーに近い。フロント・デスクの後ろの壁では、ビデオ・インスタレーションが1日中続いている。

　元メリディアン系だったこのホテルの経営権がグオマン（シスル・ホテル・グループの高級ブランド）に移ったのを機に、総工費9500万ポンド、工期2年の大改装が行われた。「贅沢な宿泊体験を提供するコンテンポラリーな環境」を改装テーマに誕生したのが、この芸術的ホテル、ザ・カンバーランドだ。

　ホテルの「顔」としてロビーで強いインパクトを放つ彫像は、イギリスの現代彫刻界を担う若手ショーン・ヘンリーの作。ほかにもマシュー・ラドフォードのエッチング、エステル・トンプソンの抽象画など、新進気鋭のアーティスト作品がホテルのそこかしこに配され、それに光と音が加わって、全体が「環境」として完成している。作品には作者紹介

こんなスペースもギャラリー化。手前の球体は、クラウス・ベッカーの彫刻作品

両側にガラスのエレベーター、上に階段、という構図に収まったグラフィック作品

まで添えられ、この場が一層ギャラリーめいて見える。

改装は、ホテル建築の最大手リアドン・スミス社。内装はアーティストとのコラボレーションにより、アートをインテリアに巧みに取り込むリアル・スタジオズが手がけた。

小ぶりながらスタイリッシュなブティック・ホテルの出現に刺激を受けて、このとこ

ろ大手チェーン・ホテルのリニューアルが続いていたが、ザ・カンバーランドの変身は、そんなトレンドからも一歩抜きん出ている。

オックスフォード・ストリート沿いという、都心の便利な場所。宿泊せずとも、ギャラリーに行く感覚で訪ねてみたいホテルである。

メイン・レストランのローズW1。仕切りには繊細な板ガラスが使われ、店内はグラフィック作品で装飾されている。料理はモダン・ブリティッシュ。ローズ24（132ページ）と同系列で、セレブ・シェフのギャラリー・ローズが経営者とシェフを兼ねる

客室。インターネット接続、液晶またはプラズマ・スクリーン・テレビ、ラップトップ充電機能付き金庫と、テクノロジー面でも最新設備がそろっている

LONDON MARRIOTT WEST INDIA QUAY

ロンドン・マリオット・ウェスト・インディア・キー

22 Hertsmere Road London E14
020-7093-1000
marriott.co.uk
客室301室／エグゼクティブ・アパートメント
47室
レストラン／バー／カフェ／会議室14室／パー
ティー会場／ヘルス・クラブ
料金：ダブル£270.00くらい～（税別）
最寄駅：DLR West India Quay　地下鉄、ＤＬＲ
Canary Wharf
完成：2004年
設計：HOK International Ltd

ヘルムス、オバタ、カッサバウムの3人により1955年、アメリカ、セントルイスに設立された建築会社。6カ国に15のオフィスを構え、ヨーロッパ全域にもネットワークを持つ。「建築は問題解決の手段。その手段をアートに高め、人間生活を豊かにする」が社の理念。代表作に米アナハイム・コンベンション・センター、英バークレー銀行本社など。

32階建て、高さ111メートル。総工費2億2千万ポンドのプロジェクト。ホテルの上の分譲アパートメントは値段の高さにも関わらず大変な人気で、すでに完売。マンハッタンよりかなり遅れてやってきたロフト・ブームは、高層ビルに住む習慣のなかったロンドナーのライフスタイルを変えつつある

　再開発の進むドックランズの空を貫くようにそびえるシャープな外観の新建築。地上12階までをホテル、ロンドン・マリオット・ウェスト・インディア・キーが占め、13階から最上階の32階までが分譲アパートメント／ペントハウスとなっている。

　水路を挟んで南の対岸は、新しい高層ビルが群れをなすカナリー・ウォーフ。こちら北岸は、かつての貿易港の面影を残すレンガの

倉庫街。倉庫は軒並みモダンな住宅やレストランに改装されているが、それでも南北両岸の景観は対照的だ。この空を貫くシャープなビルは、倉庫側にできただけに、鋭利な輝きが一層きわだっている。このビルの出現は、北岸にも倉庫の合間をぬってカナリー・ウォーフのような高層ビルがどんどんできていく先触れかもしれない。

　設計は、大規模高層建築の経験豊かなＨＯ

モダンさと暖かさが同居するロビー

カーヴ・レストラン。料理はアメリカン・スタイル

Kインターナショナル社。ビルは外殻がガラスとアルミ製で、前面がエレガントなカーブを描いている。

裏側に回ってみると、メタリックな本館の後ろに茶色い倉庫風の低い建物が突き出ているのが見える。別種の2つの建物が合体した構造はちょっと妙だが、これは高層建築と倉庫が共存するこのエリアの建築的特徴を表わすために、意図的にデザインされたもの。ドックランズ特有の建物の在り方が、ここ1点に集約されていておもしろい。

外側のクールさとは打って変わって、ホテルの中は明るく、暖かく、心地よい。40年近い経験を持つホテル内装のスペシャリスト、リッチモンド・インターナショナル社が、赤とクリームの暖色を基本に、ソフトなトーンのインテリアをしつらえている。

演劇鑑賞やマーケット巡りといった普通のロンドン観光をひととおり終えたら、こんなホテルに滞在して「ドックランズで未来都市ロンドンに触れる旅」と決め込んでみたい。

もちろん、カナリー・ウォーフのオフィス街に商用で出張のビジネスマンにもここは便利。

ホテル内のエグゼクティブ・アパートメント。キッチン、ワーク・エリア付きなので、出張など長期滞在にはこちらが便利

ヘルス・クラブ。ピラティス、ヨガのクラスに参加してリラックス

GREAT EASTERN HOTEL

グレート・イースタン・ホテル

40 Liverpool Street London EC2
020-7618-5000
london.greateastern.hyatt.com
客室267室
レストラン／プライベート・ダイニング・ルーム／バー／イベント・ルーム／トリートメント・ルーム／ジム
料金：ダブル£300.00くらい～（税別）
最寄駅：地下鉄、ナショナル・レイル Liverpool Street
完成：2000年
設計：The Manser Practice

40年以上の歴史を持つロンドンの建築会社。「考え抜かれた、使えるモダンなデザイン」が、設立当初からの理念。サウスハンプトン空港、ヒースロー空港第4ターミナルのヒルトン・ホテル、第5ターミナルのT5ホテルなど、空港、ホテルの建設を多数手がける一方、レストラン・スケッチ（136ページ）改装などでトレンドセッターとしても活躍。

ロビーの吹き抜け空間。白さを生かして、アート作品の展示スペースとして使われることもある

　グレート・イースタン・ホテルは、鉄道旅行が盛んだったビクトリア時代後期の1884年に、豪壮なステーション・ホテルとしてオープンした。本館の設計はチャールズ・バリー（英国国会議事堂の設計で有名な同名の建築家の息子）。1901年にはロバート・エディス設計の新館も付設された。

　大理石の列柱と階段、天井の豪華な漆喰模様、精緻なステンド・グラス。とことん贅を尽くした建築で、このホテルは上流階級の旅客を惹きつけた。彼らが持参する大量の大型トランクをスムーズに搬入できるよう、玄関も階段も広々と作られた。

　さしもの威容を誇ったホテルも、オープンから約100年後に閉鎖の憂き目を見たが、1997年に新しい買い手がつき、3年の改装

2階の吹き抜け大広間。新旧館をつなぐ連絡通路を兼ねる。コンランお得意のコンテンポラリー家具、現代美術がショールームのように並ぶ。フラワー・アレンジメントは、ホテルの一角に入っている花屋ワイルド・アット・ハートが担当

ロフト・アパート風客室。いかにもコンランらしいミニマルなデザイン

期間を経て、2000年、再び高級ホテルとして美しく甦った。この難しい改装事業を引き受けた建築会社は、マンサー・プラクティス。内装は当初ホテルの共同オーナーでもあったコンラン&パートナーズ。改装のテーマは「ホテルに往時の美を取り戻し、それに現代の美を付加する」であった。

　建築家から改装部分の模型を見せてもらったことがあるが、それは実に入り組んだ形をしており、これが単純な改装でなく、増改築を含む大規模かつ複雑な改変だったことがわかった。主な改変箇所は、離れていた新旧両棟をつなぐ吹き抜け連絡通路の設置。それと上方へ2層（部分的に3層）分の増築である。増築部分の客室は現代のロフト・アパート風で、旧来の古風でエレガントな客室とユニークなコントラストを見せている。

　館内では、銀色に輝くスティールのエレベーターや、地上階から最上階まで貫通する真っ白な吹き抜け空間、といった新設された「現代美」が、荘厳な「古典美」に対抗している。2つの異なる種類の「美」が、協調しあったりせめぎあったりしている様子が、いかにもこのホテルらしい歴史を感じさせる。

ビクトリア時代から飲食施設が充実していたホテルの伝統を受け継ぎ、現在も4軒の人気レストランを擁する。写真はオーロラ・レストランのバー・コーナー。ホテルに元からあった華麗なダイニング・ルームを丹念に修復したクラシックなインテリア

ロイズ・オブ・ロンドン、ガーキン（12ページ）などに近く、シティ・ビル・ウォッチングの拠点とするのにこのホテルは理想的。ビルの場所などは、受付けで問合わせを

THE ZETTER
ザ・ゼッター

86-88 Clerkenwell Road London EC1
020-7324-4444
www.thezetter.com
客室59室（内スタジオ・ルーム7室）
レストラン／バー／イベント・ルーム
料金：ダブル£180.00くらい〜（税別）
最寄駅：地下鉄、ナショナル・レイル Farringdon
完成：2004年
内装：Precious McBane

プレシャス・マクベインはロンドンのインテリア／家具／雑貨デザイン会社。「空間にユーモアと魅力を」のポリシーどおり、明るく軽やかな色、パターン使いが特徴。外部のテキスタイル、グラフィック・アーティストとの共作も多い。クラークンウェルの集合住宅内装、ナイキのショールーム内装など。ザ・ゼッターではベスト・ニュー・ヨーロピアン・ホテル賞など数々の賞を受賞した。

バー。5層に及ぶ楕円の吹き抜けを見上げる位置にある。レトロ柄のじゅうたんの上に、これまたレトロなチューリップ・チェア

　ザ・ゼッターは、はじけるポップなインテリアが売りの、カジュアルなシティ・ホテル。ホテル開発はこれが初めて、という若い2人のオーナーの狙いは「ふところの痛まないブティック・ホテル」だった。そんなわけで、ここは宿泊代の大変に高いロンドンにあって、料金いくらか抑えめ設定となっている。
　そのかわり、場所は都心を外れた東ロンドン、クラークンウェル。設備的にも、ミニバーを廃して自動販売機があったりと、経費節減の跡が見られる。が、実際のところ、クラークンウェルはホクストンに近い、今ファッショナブルに変身しつつあるエリア。歯ブラシからシャンペンまで買える自動販売機も意外とお洒落だったりし、経費削減策は逆に若者に受ける結果となっている。
　19世紀の倉庫だったこのビルを洗練されたホテルへと改造したのは、チェトウッド・

スタジオ・ルーム。部屋自体は白を基本にしたミニマルな造りで、ファブリックとカラー照明でアクセントをつけている。インテリアの流行の移り変わりにすばやく対応できそう

屋上に新設されたスタジオ・ルームは全7室。バルコニーからロンドンの夜景をゆったりと眺めたい

アソシエイツ。内装は家具製作も得意なプレシャス・マクベイン社が手がけた。「色」「柄」「感触」「形」を表現のキーとするこの会社は、懐かしい花柄や動きのある抽象柄ファブリックを用い、全館を明るい、レトロ・モダンなイメージに仕立て上げた。

　おもしろいのは、すべての部屋の壁を飾る「ウォールペーパー・アート」。普通のホテルの額縁代わりに壁に掛かる、いわば「パネルに張られた壁紙装飾」なのだが、一部屋毎にその柄が違い、伝統ある壁紙メーカーのデッ

ドストックからレイチェル・ケリーなど現代のデザイナー作品までそろっており、これを見るためにあちこちの部屋に泊まってみたくなる楽しさだ。

　改装の際、屋上に新設されたガラスのスタジオ・ルームからは、シティの高層ビル群が間近に迫って見える。開発途上エリアのバズ（ざわめき）を感じたい、東ロンドンを拠点にシティのビル探索をしたい、そんな用向きでロンドンを訪れる人に、このホテルはおあつらえ向きだ。

レストラン。料理はアフリカ風味の加わったモダン・イタリアン。ホテルのオーナーは、大手スーパー、セインズベリーズ経営者の御曹司マーク・セインズベリーとレストラン経営者のマイケル・ベニヤン。「レストラン用地を探していたらよいビルが見つかったのでホテルにしてしまった」というだけに、レストラン部分には力が入っている

元倉庫の面影が残る外観

HAYMARKET HOTEL
ヘイマーケット・ホテル

1 Suffolk Place London SW1
020-7470-4000
www.haymarkethotel.com
客室50室／タウンハウス
レストラン／バー／イベント・ルーム／会議
室／プール／ジム／トリートメント・ルーム
料金：ダブル£245.00〜（税別）
最寄駅：地下鉄 Piccadilly Circus/
Leicester Square
完成：2007年
内装：Kit Kemp

夫のティムとファームデール・ホテルズを共同経営
し、ロンドンに7軒の高級ブティック・ホテルを所有
する。独学で新しい英国インテリア・スタイルを確立
し、デザイン・ディレクターとしてグループ内の全ホ
テル全室の内装を担当。そのセンスに魅せられ、リピ
ーターとなる客も多い。初期の英国カントリー調から
現在まで数々の様式的変遷が見られる。

2004年オープンの前作ザ・ソーホー・ホテルでは軽いライラックやピンクが多用
されていたが、こちらヘイマーケットでは色傾向ががらりと変化している

　ここヘイマーケット・ホテルの経営母体フ
ァームデールは、1980年代末にロンドンで
いち早くブティック・ホテルのコンセプトを
打ち出した会社として知られる。

　ブティック・ホテルとは、瀟洒なタウンハ
ウスなどを改造し、モダンで豪奢な内装をほ
どこした隠れ家的なプチ・ホテル。従来の大
型ホテルに飽き足りなかった客層を惹きつ
け、静かなブームを巻き起こした。その影響

は業界全体に波及し、後に大型ホテルがこれ
を見習い、リニューアルに取り組み始めたほ
どだ。

　ファームデールも、現在ホテル数を7軒に
拡大して躍進中。その最新作が、このヘイマ
ーケットだ。

　このグループのホテルは、どこも全室イン
テリアが異なるので有名。そのすべてをオー
ナー／デザイナーのキット・ケンプ女史が、

ホテルからは独立した「タウンハウス」の中の一室

セレモニー、パーティ、ディナーに。400人収容のイベント・スペース

数人のアシスタントを従えただけでこなしているというからすごい。一体どこからこんなにたくさんのアイデアが湧いてくるのだろうか。

ヘイマーケットも例外ではなく、「コンテンポラリー英国スタイル」をテーマに、全室の装飾を彼女が手がけた。ここは元の建物が、18〜19世紀、リージェシー時代に活躍した伝説的建築家ジョン・ナッシュの作と、華麗にして重い歴史を背負っているからか、彼女のインテリアにもこれまでにない重厚感がある。贅沢なファブリックをふんだんに使い、

レモン色、ライム色、チョコレート色、フューシャ・ピンクといった難しい色の組み合わせに挑戦しているのも特徴だ。

あまりの優雅さゆえに、マダム向けのイメージがなきにしもあらずだが、このホテルは優雅なだけに終わらない。ウェルカム・ドリンクの隣にイギリスの最新ロックのCDが積み上がっていたり、ヨーロッパのカルト映画のDVDが置かれていたりする。このバランスが、いかにもロンドン・スタイル。ひねりの効いた文化に惹かれて、業界人や文化人の利用も多いと聞く。

濃密な色合わせのレストラン。北イタリア料理がふるまわれる

ファームデールの他のホテルはミニ・シネマ併設のところが多いが、ヘイマーケットはかわりに18メートルの屋内プール付き

YOTEL
ヨーテル

Heathrow Airport、Gatwick Airport 内にオープン予定
www.yotel.com
プレミアム・キャビン（床面積約10㎡　シャワー、
トイレ付き）予価£80.00
スタンダード・キャビン（床面積約6㎡　シャワー
付き、トイレ共同）予価£55.00
設計：Priestman Goode

ポール・プリーストマン、ナイジェル・グッドを中心とするロンドンのデザイン会社。雑貨、製品パッケージからショップ、航空機客室のインテリアまで広い守備範囲を誇る。建設中のヒースロー空港第5ターミナルの内装も一部担当。ヨーテルで、2005年デザイン・ウィーク接客部門賞を受賞。製品でも受賞作、美術館のコレクションとなった作品が多数ある。

照明の感じ、カーブした天井、壁に組み込まれた機器類が航空機内を思わせる

　「ヨ！スシ」を全国展開して、日本の回転ズシを英国全土に広めたサイモン・ウッドロフが、またまたとんでもないアイデア・ビジネスを始動させる。今度は高級コンパクト・ホテル、ヨーテルの経営だ。

　基本構想は「航空機のファースト・クラスの設備を持つ日本のカプセル・ホテル」。ホテル機能をパックした「箱」をひとつのユニットとし、これを自在に組み合わせることにより、狭い空間や半端な土地にも設置できる。この身軽さ、経済効率のよさが身上だ。

　「地代を節約し、小さいながらも高級ホテル並みの設備を格安で提供したい」とウッドロフは意気込む。

　デザインを担当したのは、ヴァージン・アトランティック航空のファースト・クラス客室やエアバス社の2階建て客室を設計したプリーストマン・グッド社。床面積わずか10平方メートルの室内に、ふかふかのダブル・ベッド（ソファ兼）、スタイリッシュなシンク、シャワー、トイレがしつらえられている。清潔なリネン、タオルも揃い、植物も飾られている。どうしたらこんなに入るのか、まるで手品のようだ。

　部屋はスタンダード・キャビンと、それよりやや広く設備もグレードアップしたプレミアム・キャビンの2種類がある。

　限られたスペースを有効に使う工夫もたく

プチ4ツ星ホテルといった趣きのシンク回り。鏡のトリックで大きく見せかけてありますが

宿泊しなくても4時間単位で利用できるので、「空港ヨーテル」は乗り継ぎ便待ち、フライト遅延の時に便利

さん。テクノ・ウォールと呼ばれる壁には、フラット・スクリーン・テレビ、スピーカー、跳ね上げ式テーブルが、すべて平たく収納されている。無線インターネット・システムとMP3プレイヤーのポートも完備し、コンパクトながら、快適さと機能性は万全だ。

一流ホテルでの業務経験者たちを引き抜いて脇を固め、ウッドロフのビジネス態勢も万全。近々ヒースロー、ガトウィック両空港内での営業開始が予定されている。

プレミアム・キャビンのシンク、シャワー、トイレ

SANDERSON
サンダーソン

50 Berners Street London W1
020-7300-1400
www.sandersonlondon.com
客室150室／アパートメント
レストラン／バー／会議室／
ビリヤード・ルーム／スパ／ジム
料金：ダブル£260.00くらい～（税別）
最寄駅：地下鉄 Tottenham Court Road/
Oxford Circus
完成：2000年
内装：Philippe Starck

1949年パリ生まれ。パリのインテリア・デザイン学校卒業後、ピエール・カルダンの下で仕事、後に独立。建築、内装から家具、照明、雑貨まで「住」のデザイン全般で異才を発揮する。ニューヨーク、ロイヤルトン・ホテル、ユーロスターのビジネス・クラス乗客用サロン、パリのレストラン「ボン」など作品多数。日本ではアサヒビール本社ビルが有名。

大小さまざまな椅子、ソファの並ぶロビー。スタルクのオリジナル作品、50、60年代のビンテージにエスニック・チェアと、脈絡のない組み合わせで調和をもたらすスタイリングの腕はさすが

単なる「宿泊の場」から「非日常を楽しむ場」へ。イアン・シュレーガーは、都市型ホテルのコンセプトを根本的に転換させたホテリエである。通過点でなく目的地となるホテルの建設が、彼の目的だった。

ロンドンのサンダーソンもそのひとつ。シュレーガーの頭の中にあったシュールな夢を

現実へと置き換えたのは、それまでも彼と共に数々の不思議ホテルを作り上げてきたフィリップ・スタルク。ありえない世界をマジックのように取り出してみせるインテリア／プロダクト・デザイナーだ。

ロビーで真っ先に我々を迎えてくれるのは、くちびる型をした赤いサルバドール・ダ

ペントハウス。客室はどの部屋にも仕切りがなく、宿泊客自らカーテンを使って間取りをレイアウトする。各部屋に白鳥の椅子と対で置かれている卵のオブジェは、ギリシャ神話のレダの卵を思わせる

入口。ダリのソファは、1970年製のオリジナル

リのソファ。奥を見やると、銀で縁どりした紫の長椅子や、肘掛け部分が白鳥の形をした優雅なひとり掛けなど、人目を引くソファ類がミックス＆マッチ感覚で点々と置かれている。

　確かにロビーからして、一瞬にして外の喧騒を忘れさせる非現実感に満ちている。そして、この感覚はどこまでも続く。

　バーに入れば、ずらりと並んだ椅子の背の「目」がじろりとこちらを睨み、エレベーターの内壁には宇宙が描かれ、上階への移動はちょっとした宇宙旅行といわんばかり。客室の家具やオブジェも、いささか現実離れしている。どこをとってもシアトリカル。これを

シュレーガー／スタルクが共に取り組んできた「ホテルの視覚革命」と受け取る人もいれば、「バブルな遊び」と言う人もいる。

　ホテルの容れ物となるビルは、1958年築のコートヤード式（中庭を囲んで四角く建てる）建築。当時の装飾がいくつか今も残り、このエキセントリックな内装と奇妙な調和を見せている。中でも、ビリヤード室にある、ミッド・センチュリーの芸術家ジョン・パイパーのステンド・グラス作品は必見だ。

　後年、このホテルはシュレーガーの手を離れることになったが、現在の所有者モーガンズ・グループは、彼の遊び心をきっちりと引き継いでいる。

全長24メートルのロング・バー。背中の「目」がブキミかわいいチェアは、もちろんスタルクのデザイン

多種のトリートメントがそろったスパ、アグア・バスハウス。「雲上の楽園」をイメージして、家具類は白で統一されている

MYHOTEL CHELSEA
マイホテル・チェルシー

35 Ixworth Place London SW3
020-7225-7500
www.myhotels.co.uk
客室45室／スイート
カフェ・バー／イベント・ルーム、会
議室2室／ライブラリー／スパ／ジム
料金：ダブル£260.00くらい〜　（税別）
最寄駅：地下鉄 South Kensington
完成：2002年
内装：Project Orange

1997年、ロンドンで設立された建築／内装会社。「クライアントの意見に耳を傾け、デザインを共作する」の信条どおり、特定のスタイルを持たず、アーバン・シックからモダン・エスニックまで、要望に応じ幅広く対応。ロンドンのルーフ・ガーデンズ・バー、アイルランドのファーナム・ハウス・ホテル内装が代表作。近年海外の仕事も増えている。

タイ・スイート。ダークな塗りの床、仏像、シルクのカーテンで、タイの雰囲気を演出

　マイホテルは、1999年に1軒目のブルームズベリーがオープンした時、本格的に風水理論を取り入れた初めてのホテルとして大きな話題を呼んだ。ここチェルシーは、続く2軒目。ナイツブリッジに近い閑静な住宅街にあり、ハロッズなどでのショッピングに便利、また何もしないでリラックスして過ごすのにもよい環境にある。

　内部には、オリエントの知恵を生かした癒しのホテル、としてのさまざまな特徴が見られる。

　まずロビーで目につくのが水晶、水（実際には水槽）、生花。ことさら風水をふりかざすのではないが、風水で重要とされるこうしたアイテムが、さりげなく所定の方角に置かれている。風水については、ウィリアム・スピアーというアメリカ人の専門家がコンサルタントを務めている。

　「リラクセーション」をテーマに内装をしつらえたのは、オレンジ・プロジェクト社。やわらかなピンクで仕上げられたロビーが、全体の雰囲気を代表している。客室もバーも、一貫してパステル・カラー。ただし、新鮮味のあるモダンなトーンのパステルだ。家具類

明るいロビー。風水にまつわるアイテムが、それぞれあるべき方角に置かれている

ライブラリー。レザー、籐、木、金属の異素材家具がハーモニーをなしている

もソフトなタッチのものが多い。

ライブラリーという名の、ガラス張りのガーデン・ルームも、これまたなごみの空間のひとつ。どこへも出かけずに、陽だまりのソファで、1日読書やゲームをして過ごすのもいいかもしれない。

仏像の飾られたタイ・スイートがあったり、ジンジャという名のスパがあったり、ここはまさにイースト・ミーツ・ウェストの世界。癒しの象徴として、東洋趣味を取り入れ

るホテルが増えているが、マイホテルは有形無形の東洋を取り込み、徹底してリラックスできる環境を整えている。

風水の効果を確かめながら、こんな癒しのホテルで、たまにはのんびりしたロンドン旅行をどうぞ。

客室はやわらかな色調の「かわいいミニマリズム」デザイン。強い色彩を望むゲスト用に「レッド・ルーム」と呼ばれる濃い赤の部屋も2室用意されている

パステル・カラーの部屋部屋とは印象の異なるデザインの通路

THE HEMPEL
ザ・ヘンペル

31-35 Craven Hill Gardens London W2
020-7298-9000
www.the-hempel.co.uk
客室42室（スイート含む）／アパートメント
レストラン／バー／ラウンジ／イベント・ルーム、
会議室4室
料金：ダブル£280.00くらい〜（税別）
最寄駅：地下鉄Queensway/ Bayswater/
Lancaster Gate
完成：1997年
内装：Anouska Hempel/Max Bentheim

アヌーシュカ・ヘンペルは元女優。80年代にホテリエ／インテリア・デザイナーに転身し、ブレイクスとザ・ヘンペルの2軒をデザイン、オープンした。後に後者を売却。現在も建築家チームを率いて多数のコミッションをこなす。マックス・ベンジームは、2003年設立の家具／インテリア・デザイン会社。ホテル、レジャー施設、高級アパートメントが専門。

「フトン式ベッド」のある客室

　潔い直線構成に、白と黒とわずかな淡色を配しただけの「禅的」空間。ザ・ヘンペルは、90年代にできた典型的なミニマリズム・ホテルである。デザインは、当初のオーナー／デザイナー、アヌーシュカ・ヘンペルによる。

　「ジャパニーズ・バス」に「禅ガーデン」と日本からの影響も大きい、ストイックなまでに清冽なインテリアが印象的だ。日本とはいっても、あくまで西洋人の解釈した日本なので、「禅的」であっても簡素にならず、「簡潔でゴージャス」な方向に仕上がっていると

ころがおもしろい。

　2005年にホテルが売却され、オーナーが変わって改装の手が入った。色味のなかったザ・ヘンペルに色が導入されたという報が伝わり、業界がざわめいた。いよいよロンドンのミニマリズムの終焉か、と。

　改装の実情を確かめるため、プレス・オフィスに依頼して、館内を案内してもらった。ここでわかったことは、主な改変箇所は1階のバー、ラウンジ・エリアなど公共部分だけだったこと。過剰なストイックさをときほぐ

ポートランド石が贅沢に使われたロビー。掘り下げた床の周縁を腰かけがぐるりと巡る様は、巨大な囲炉裏か掘りごたつを思わせる

新装なったバー。控え目かつ上品な色合いだが、これだけでもザ・ヘンペルに色が加わったと騒ぎになった。カウンターはコルシカ産の黒大理石

すために、色味を加えたのだという。

　指名を受けたマックス・ベンジーム社は、壁やソファ類を茶、黄、オレンジの上品な同系色でそろえ、ムーディな照明を配し、空間を前よりずっとメローな感じに仕上げた。20世紀のミニマリズム・ホテルに、21世紀的洗練が加わったのが感じとれる。

　色のある部屋と家具。他のホテルでは当り前のことも、ザ・ヘンペルで起こるとちょっとした事件だ。

　客室の改装は、設備のグレードアップとマイナー・チェンジにとどめられた。

　「アヌーシュカのミニマリズムはクラシックの域に達していますから、手をつけるのは不可能ですし、その必要もありません」。プレス担当者はにこやかに笑った。

　ミニマリズムが終わったとか終わらないとか議論はあるが、実質を備えた真にスタイリッシュなミニマリズムは、21世紀を涼しい顔で生き抜いていきそうだ。

「禅ガーデン」。都会の真ん中とは思えない静謐な空気が流れる。映画「ノッティングヒルの恋人」のロケに使われたことでも有名

「ジャパニーズ・バス」。バス・ルームも白黒の直線断ち。眼下に四角い禅ガーデンが見える

THE METROPOLITAN
ザ・メトロポリタン

Old Park Lane London W1
020-7447-1000
metropolitan.como.bz
客室150室（ペントハウス含む）／スイート／アパートメント（別棟）
レストラン／バー／イベント・ルーム、会議室5室／スパ／／ジム
料金：ダブル£325.00くらい～（税別）
最寄駅：地下鉄 Hyde Park Corner
完成：1997年
内装：United Designers
138ページ参照

自然光の射すさわやかなロビー。スタイリッシュなレザー・チェア、コーヒー・テーブル、ベンチ、ソファはすべてそろいのデザイン

　洗練のきわみとは、こういうホテルをいうのではないだろうか。

　ロンドンのホテル業界は過当競争が激しく、ギミックで勝負に出るところもあるが、ここザ・メトロポリタンにはギミックというものが感じられない。ハイド・パークの脇という最高の場所にあり、味の確かなレストラン・ノブ（138ページ）と活気あるメット・バーがあり、あとはひたすらよきインテリアとよきサービスがあるのみである。

　インテリアはシンプルともいえるが、よく見ると、全体も細部も凝っている。レストラン、バーを含め、全館のインテリアを手がけたユナイテッド・デザイナーズは、本物志向

の総合デザイン集団。家具、建具、建築部品からアートまで、一社で完結させられる強みを発揮し、「テイラーメイドのインテリア」を仕立てている。このため全体と部分、パーツとパーツの間の均衡が、大変に美しい。家具と建具の互いの微妙なカーブがハーモニーをなしていたり、ベッド・リネンからカップひとつに到るまで完璧にカラー・コーディネートされていたり。ばらばらなパーツの寄せ集めではこうはいかない。

　上質の建材を惜しげもなく使った、こうしたトータルな仕上げこそ、このホテルに「本物の贅沢感」をもたらす要因となっている。

　実はここのインテリアには、もうひとつ欠

客室の典型的な色使い。木の部分は明るいペアーウッ
ド（梨の木材）で統一され、落ち着いたトーンのファブ
リックがそれにエレガントな彩りを添える

かせないものがある。それは、大窓から見え
るハイド・パークの景観。これが加わって、
色彩的にもデザイン的にも完成、となる。

　最高のものをさりげなく打ち出した、時を
超えたスタイル。これこそ本来の英国スタイ
ルの真髄。伝統世界だけでなく、モダン・デ
ザインの世界でも、この高潔な英国精神が引
き継がれていってほしいものだ。

　ザ・メトロポリタンは何もかもが最高づく
しの分、値段も最高。ここは「さりげない本
物」を楽しむゆとりのある大人のためのホテ
ルといえそうだ。

ホワイト・ルームと呼ばれるイベント会場のひとつ。
会食に立食にカクテル・パーティに、臨機応変に対応
する。天井はピラミッド型の明り取りになっている

「多分ロンドン一景色のよいバス」とホテルが豪語する
ペントハウスのバス。眼前にハイド・パークの緑が広
がる

入口。ノブとメット・バーはそれぞれ独立した入口を
持つ。映画スターやモデル、ミュージシャンの利用が
多く、ニュースの舞台になることもあるが、「そうした
話題でホテルの格が上がるとは思いません。ここが評
判がよいのは、最良のスペースとサービスがあるから
です」とホテル側は言い切る

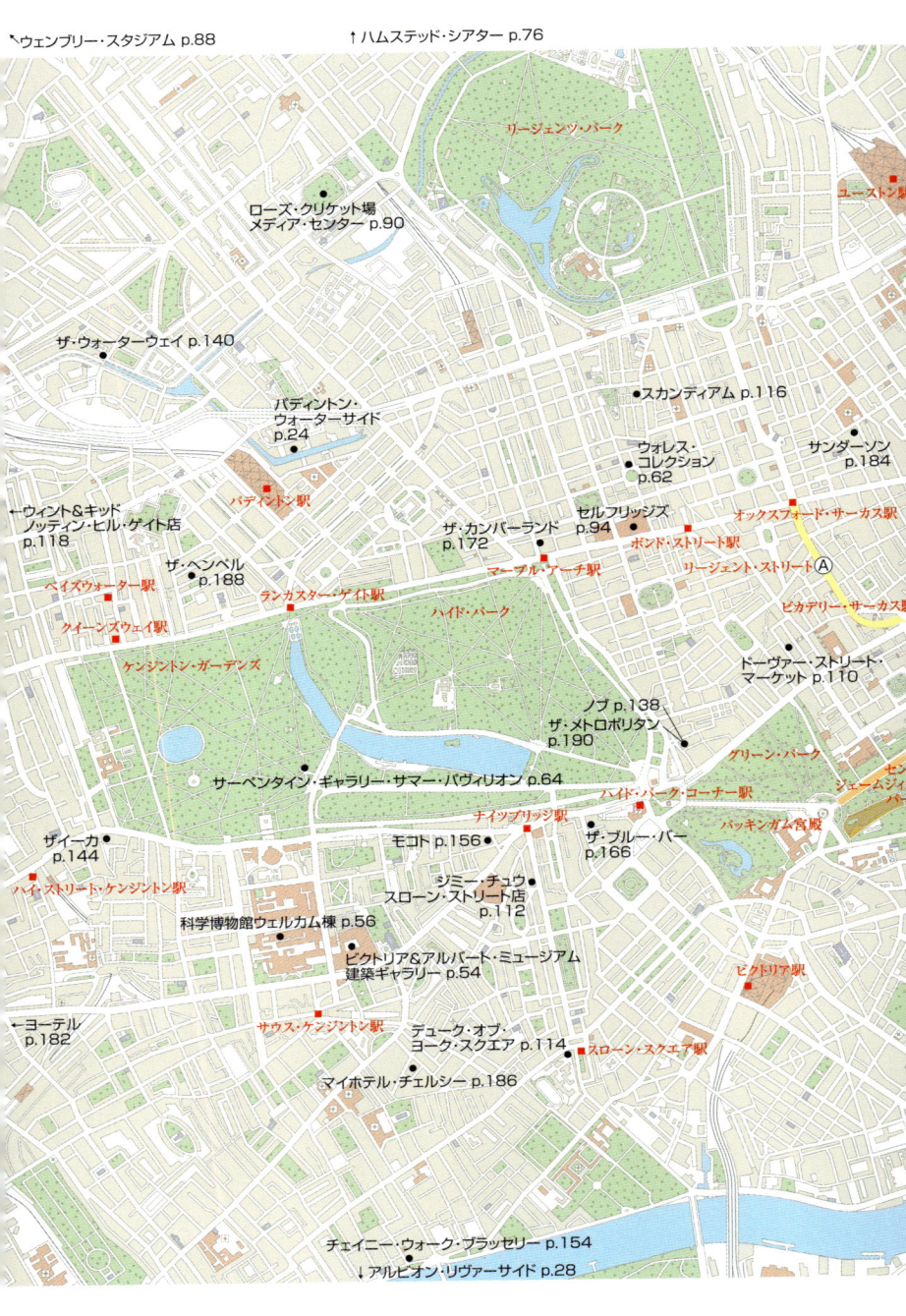

↑ピエロドローム
イズリントン店
p.164

↑アルメイダ・シアター
p.78

ジェフリー・ミュージアム
20世紀ギャラリー p.66

■キングス・クロス駅

■セント・パンクラス駅

■エンジェル駅

大英図書館 p.50

ホクストン・アプレンティス
p.152

ホワイト・キューブ p.70

オールド・ストリート駅

ラウンジラヴァー
p.160

●ザ・ゼッター
p.178

201ビショップスゲイト・
アンド・ブロードゲイト・
タワー p.16

大英博物館グレート・コート
p.52

リヴァプール・ストリート駅

1ロンドン・ウォール
p.32

●パール p.142

ロンドン博物館●

グレート・
イースタン・ホテル
p.176

アヴェダ・インスティテュート p.128

タワー42

ローズ24 p.132
ヴァーティゴ42 p.162

30セント・メアリー・アックス p.12

フォップ
シャフツベリー・アヴェニュー店 p.122

セント・ポール大聖堂

ロイヤル・
エクスチェンジ p.98

ロイズ・レジスター
p.14

コヴェント・ガーデン駅

ロイヤル・オペラ・ハウス p.74

バンク駅

ウォッピング・
フード
p.148

レスター・スクエア駅

サマーセット・ハウス p.60

ミレニアム・ブリッジ p.18

フェンチャーチ・ストリート駅

プラトー・
p.146

ヘイマーケット・ホテル
p.180

ハンガーフォード・
ブリッジ p.20

BFIロンドン・
アイマックス・
シネマ p.82

テイト・モダン p.48

ロンドン塔

ロンドン・ブリッジ

ロンドン・
マリオット・
ウェスト・
インディア・キー
p.174

チャリング・クロス駅

バレストラ
p.30

ジャーウッド・スペース
p.68

モア・ロンドン p.26

英国航空ロンドン・アイ p.72

サザーク駅
p.37

ロンドン
市役舎 p.10

サウス・キー・
フットブリッジ
p.22

ウェストミンスター駅
p.35

ウォータールー駅
p.36

ロンドン・ブリッジ駅 p.38

ラバン p.80

国会議事堂

ファッション・アンド・
テキスタイル・ミュージアム p.58

インク・バー・
p.168

ウェストミンスター寺院

(A) 部分拡大

マテリアル・ラブ p.100

オックスフォード・サーカス駅

ジ・02・
p.86

オックスフォード・
ストリート

ヤウアッチャ
p.134

→
バーモンジー駅
p.39

ホス・イントロピア
p.126

ベン・シャーマン
カーナビー・ストリート店
p.108

カナダ・ウォーター駅
p.40

スケッチ
p.136

ウェッジウッド p.120

カナリー・ウォーフ駅
p.41

ウム
p.150

バーバリー
ニュー・ボンド・
ストリート店 p.102

ハビタ リージェント・
ストリート店 p.96

ノース・グリニッジ駅
p.42

カニング・タウン駅
p.43

ステラ・マッカートニー
p.104

ウェスト・ハム駅
p.44

オースティン・リード p.124

ピカデリー・
サーカス駅

ストラトフォード駅
p.45

アポロ・ウェスト・エンド p.84

アレクサンダー・マックイーン
p.106

セント・オーボン
p.158

ジュビリー・ライン延長区間 p.34

ヨーテルp.182

INDEX 建築家、インテリア・デザイナー索引

写真クレジット

Images courtesy of :

本書のデータは2007年5月時点のものですので、のちに変動することがあります。

ビルの高さはじめ建築物に関する数字がイギリスでは統一されておらず、資料により相違があるため、本書の建築的データは建築会社、物件所有者及びそれに近い筋からの資料に準拠しています。

階数の数え方がイギリスでは、グラウンド・フロア（日本の1階）、1階（同2階）、2階（同3階）と日本とずれています。本書では日本式で表記していますので、実際のフロア表示と異なる場合があります。

データには特に記しませんでしたが、文化施設、ショップ、レストランなどは祝日、クリスマス及びその前後、年末年始に休みとなるところが多いので、事前にご確認を。

建築会社、インテリア・デザイン会社名は、数社改称しているところがありますが、物件建築時の名称で掲載しています。

£1.00（1ポンド）は約250円。イギリスの消費税は17.50％（ほとんど内税）。レストランでは多くのところで12.50％程度のサービス料が加算されます。

略号ＤＬＲ＝ドックランズ・ライト・レイルウェイ

■清水晶子 しみず・あきこ

ロンドン在住ジャーナリスト。東京生まれ。早稲田大学教育学部英語英文学科卒業。雑誌「ぴあ」編集部音楽担当を経て、3年後フリーに。イギリス音楽についての原稿を雑誌に執筆。ラジオTVの音楽番組構成。1994年暮れに英国移住。童話からアート、映画、ロックまですべてが好きだった英国に本拠を得て、執筆意欲加速。音楽だけでなく、テーマを英国文化全般に広げ、現在は伝統文化からストリート・カルチャーまで、幅広い紹介記事を日本に向けて発信している。著書に『ロンドンの小さな博物館』(集英社新書)。

ブックデザイン：東京書籍AD　金子 裕

ロンドン近未来都市デザイン 新建築＋新インテリア・ガイド

2007年7月5日　第1刷発行

著者—————清水晶子

発行者—————河内義勝
発行所—————東京書籍株式会社
　　　　　　東京都北区堀船2-17-1 〒114-8524
　　　　　　03-5390-7531（営業）／03-5390-7506（編集）
　　　　　　http://www.tokyo-shoseki.co.jp

印刷・製本—————株式会社 啓文堂

乱丁・落丁の場合はお取り替えいたします。

英国家具の愉しみ
その歴史とマナハウスの家具を訪ねて
高橋守

時代ごとに各様式を整理した
正統派家具入門。
すぐ役立つ家具用語小辞典付き。

ISBN4-487-80080-3

行ってみたい英国庭園
その歴史と名園を旅する
高橋守

カラー写真と歴史解説で逍遙する、
英国庭園入門ガイド。
鑑賞のための庭園用語辞典付き。

ISBN4-487-79961-9